modelagem matemática
teoria e prática

Conselho Acadêmico
Ataliba Teixeira de Castilho
Carlos Eduardo Lins da Silva
Carlos Fico
Jaime Cordeiro
José Luiz Fiorin
Tania Regina de Luca

Proibida a reprodução total ou parcial em qualquer mídia
sem a autorização escrita da editora.
Os infratores estão sujeitos às penas da lei.

A Editora não é responsável pelo conteúdo deste livro.
O Autor conhece os fatos narrados, pelos quais é responsável,
assim como se responsabiliza pelos juízos emitidos.

Consulte nosso catálogo completo e últimos lançamentos em **www.editoracontexto.com.br**.

Rodney Carlos Bassanezi

modelagem matemática
teoria e prática

editora**contexto**

Copyright © 2015 do Autor

Todos os direitos desta edição reservados à
Editora Contexto (Editora Pinsky Ltda.)

Imagem de capa
Casinhas e barcos, tela de Alfredo Liberman

Montagem de capa
Gustavo S. Vilas Boas

Diagramação
Michael Macedo Diniz

Preparação de textos
Lilian Aquino

Revisão
Fernanda Guerriero Antunes

Dados Internacionais de Catalogação na Publicação (CIP)
(Câmara Brasileira do Livro, SP, Brasil)

Bassanezi, Rodney Carlos
Modelagem matemática : teoria e prática /
Rodney Carlos Bassanezi. – 1. ed., 1ª reimpressão. –
São Paulo: Contexto, 2023.

Bibliografia.
ISBN 978-85-7244-893-2

1. Matemática – Estudo e ensino 2. Modelos matemáticos
I. Título.

15-01429   CDD-511.8

Índice para catálogo sistemático:
1. Modelagem matemática 511.8

2023

Editora Contexto
Diretor editorial: *Jaime Pinsky*

Rua Dr. José Elias, 520 – Alto da Lapa
05083-030 – São Paulo – SP
PABX: (11) 3832 5838
contato@editoracontexto.com.br
www.editoracontexto.com.br

Os modelos matemáticos ajudam a entender o mundo. Os modelos de vida proporcionam os meios para admirá-lo.
Aos meus pais, que sempre foram meus modelos de vida.

Sumário

Introdução 10

1 Etapas de uma modelagem 15
   1.1 Escolha de temas 16
   1.2 Coleta de dados 18
   1.3 Análise de dados e formulação de modelos 21
   1.4 Validação 22
   1.5 Convergência e Estabilidade 23
   1.6 Cálculo do Valor Assintótico – Método de Ford-Walford 32
   1.7 Variações 35
       1.7.1 Tipos de Variação 36

2 Equações de diferenças lineares 43
   2.1 Equação de diferenças de primeira ordem 45
   2.2 Equação de diferença linear de segunda ordem 48
   2.3 Sistemas de equações de diferenças lineares 52
   2.4 Estabilidade de equações de diferenças 60
   2.5 Sistema discreto não linear 63

3 Equações diferenciais 67
   3.1 Equação geral de primeira ordem 69
   3.2 Problema de valor inicial 71
   3.3 Equação diferencial fundamental 72
   3.4 Equações diferenciais autônomas 74
   3.5 Modelos matemáticos com equações diferenciais de primeira ordem .. 79

4 Ajuste de curvas 85
   4.1 Ajuste linear 86
   4.2 Ajuste linear de crescimento exponencial 88

Sumário

4.3 Cálculo do valor de Euler **e**: 92
4.4 Ajuste linear do Modelo Exponencial Assintótico 94
4.5 Ajuste linear de uma curva logística 98
4.6 Modelo logístico discreto 100
4.7 Equação logística contínua 102

5 Propagação da podridão em maçãs   111
5.1 O problema 112
    5.1.1 Dados e variáveis 112
5.2 M_1 - Modelo contínuo 113
5.3 Modelos discretos 115
    5.3.1 Cálculo dos coeficientes de contaminação do modelo contínuo . 126
    5.3.2 Outros modelos para crescimento nos primeiros estágios ($n \leq 7$) 127
5.4 Modelo fuzzy 128
    5.4.1 Projetos 133
    5.4.2 Sobre empilhamento e empacotamento de bolas 134
    5.4.3 Bolas e pirâmide – um problema 139
    5.4.4 Relação entre volumes 143

6 Esporte   149
6.1 A corrida dos 100 metros 150
6.2 Arremesso de pesos 164

7 Criminalidade no ABCD   181

8 Fabricação de papel   197
8.1 Bobina de papel 198
8.2 Modelo 1 - Comprimento do papel bobinado 199
8.3 Peso de uma bobina 201
8.4 Controle de micro-organismos na fabricação do papel 203
8.5 Relação entre bactericida utilizado e produção / gramatura 205
    8.5.1 Decaimento do bactericida 207
    8.5.2 Controle de micro-organismo com aplicação de bactericida ... 209
8.6 Poluição 213

Sumário

9 Tendência estatística   **219**
    9.1   Qui Quadrado 220
           9.1.1   Hipóteses 221
    9.2   Teste para modelos matemáticos alternativos 226

Referências bibliográficas   **231**

O autor   **235**

Introdução

Quem surgiu primeiro: a ciência Matemática ou a aplicação da Matemática? Podemos dizer que a atividade de aplicar matemática é tão antiga quanto a própria Matemática. Muitas ideias matemáticas surgiram a partir de problemas práticos, assim como a Matemática já desenvolvida passou a ser usada em situações novas e diversas.

A habilidade de empregar matemática em situações concretas e em outras áreas do conhecimento humano consiste em tomar um problema prático relativamente complexo, transformá-lo em um modelo matemático, ou seja, traduzir a questão na linguagem de números, gráficos, tabelas, equações etc., e procurar uma solução que possa ser reinterpretada em termos da situação concreta original.

Um esquema simples deste processo é dado por McLone: a partir de um tema (ou problema), é feita uma pesquisa à procura de dados que serão traduzidos em linguagem matemática, compondo um modelo que, em seguida, será submetido à validação.

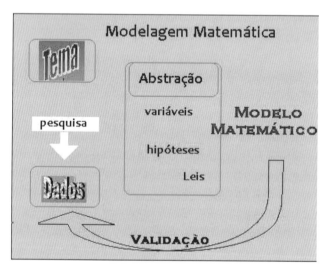

Figura 1 - Esquema simplificado de modelagem

Entretanto, esse esquema não explica como alguém pode desenvolver habilidades de matemático aplicado. De fato, percebemos que nem todas as pessoas que estudam as teorias matemáticas e conhecem bem a Matemática pura estão habilitadas a empregá-las concretamente e resolver questões ligadas às áreas de Biologia, Química, Ciências Sociais, História, Medicina, Psicologia, Agronomia, entre outras. Mesmo assim, a Matemática tem sido crescentemente solicitada por outros campos do conhecimento a ponto de se esperar que ela resolva situações de todos os tipos. Isso nos leva a perguntar: é possível ensinar modelagem matemática?

Acreditamos muito que sim, desde que se enfrente o desafio de uma mudança pedagógica condizente com as necessidades dessa nossa época de alto desenvolvimento científico-tecnológico, que exige de nós criatividade, sensibilidade, dinamismo e participação ativa capazes de gerar inovação e provocar mudanças no mundo em que vivemos.

Notamos, contudo, que a maior dificuldade encontrada pelos professores que decidem adotar a modelagem matemática em seus cursos é a de transpor a barreira do ensino tradicional em favor de uma opção mais criativa e consequente. No ensino tradicional, o objeto de estudo se apresenta quase sempre bem delineado, obedecendo a uma sequência predeterminada, com um objetivo final muito claro que, muitas vezes, nada mais é que "cumprir o programa da disciplina"! Ora, ensinar a pensar matematicamente é muito mais do que isso. Portanto, é imprescindível mudar métodos e buscar processos alternativos para transmissão e aquisição de conhecimentos.

Nos últimos tempos, diversos pesquisadores, em especial nas universidades, têm buscado caminhos para a renovação pedagógica ao criar ambientes de ensino e aprendizagem favoráveis à capacitação de pessoas com perfil adequado aos novos tempos. O ensino-aprendizagem com modelagem matemática é um dos frutos mais ricos e promissores dessa busca.

Este livro, assim como o outro que publicamos também pela Editora Contexto (*Ensino-aprendizagem com modelagem matemática*), tem como objetivos apresentar a modelagem matemática ao leitor e inspirá-lo para que consiga construir seus próprios modelos. Por isso, o conteúdo matemático utilizado nos exemplos dados ao longo da obra é bastante simples e considerado básico em qualquer curso de Ciências Exatas ou mesmo de Biológicas. Os modelos tratados aqui são frutos de cursos de especialização dados para professores dos ensinos médio e fundamental. Salientamos, entretanto, que a estratégia de modelagem pode ser adotada em qualquer situação ou ambiente educacional, desde que se use, evidentemente, um conteúdo compatível com o estágio de desenvolvimento dos alunos. De fato, embora com um grau bem maior de dificuldade e sofisticação de problemas e modelos, no ensino superior, o uso da modelagem segue os mesmos passos que nos outros níveis de ensino: medir e/ou contar, analisar os dados, formular hipóteses, propor modelos e validá-los.[1]

*

O uso da modelagem no processo de ensino-aprendizagem propicia a oportunidade de exercer a criatividade não somente em relação às aplicações das habilidades matemáticas, mas, principalmente, na formulação de problemas originais uma etapa tão estimulante quanto a da resolução.

O processo se inicia com a escolha do tema de estudo (nesse momento, ainda não se tem ideia do conteúdo matemático que será utilizado para resolver as questões colocadas por ele). A partir daí, dizemos aos iniciantes: quando não tiver ideia do que fazer para lidar com o tema, comece "contando" ou "medindo", pois, com esse procedimento, é fatal surgir uma tabela de dados. A disposição desses dados em um sistema cartesiano e um bom ajuste dos seus valores facilitarão a visualização do fenômeno em estudo, propiciando a elaboração de questões, as propostas de problemas e o desenvolvimento de conjecturas que podem levar à elaboração de leis de formação. A formulação de modelos matemáticos é simplesmente uma consequência da transposição dessas etapas.

Entretanto, o aprendizado de modelagem não se restringe à compreensão e ao uso de técnicas padronizadas ou procedimentos sequenciais que seguem um protocolo. Na verdade, da mesma forma que só se pode aprender a jogar futebol jogando, só se aprende modelagem modelando! O técnico do time pode aprimorar as ações de um jogador e ensaiar com ele jogadas mais efetivas, mas o resultado dependerá muito da habilidade deste jogador; e, ainda assim, em cada partida, sua atuação e seu rendimento poderão ser distintos de acordo com o comportamento da equipe adversária. Da mesma forma, o professor de Matemática pode apenas fornecer a seus alunos ferramentas matemáticas e estimulá-los a empregá-las em situações concretas usando a

---

[1] A modelagem como processo de ensino-aprendizagem pode ser utilizada de maneiras diversas se o ambiente de ensino for diferenciado. Assim, se estamos num ambiente de Iniciação Científica ou cursos de Especialização para professores de Matemática, o programa de conteúdos não causa grandes problemas. Entretanto, se o curso for regular com um programa a ser cumprido, o processo de modelagem deve ser adaptado, considerando temas dirigidos que tenham modelos com características próprias do conteúdo a ser tratado no curso. Neste caso, também não se pode deixar de fazer a formalização contínua dos objetos matemáticos que aparecem nos modelos e é desejável que o professor já tenha trabalhado anteriormente com o tema para que o desenvolvimento do curso flua normalmente.

imprescindível criatividade e uma grande capacidade de adaptação a situações e problemas novos. Saber trabalhar com modelagem matemática é quase como conseguir pintar bons quadros, no sentido de que não basta conhecer as técnicas (de misturar as tintas ou obter efeitos com o pincel) ou reproduzir alguma obra de outro pintor, é preciso aliar às habilidades técnicas uma boa dose de talento.

A postura aberta dos professores é fundamental para o sucesso de um curso de Matemática Aplicada que faça os estudantes se sentirem interessados e motivados pelas aplicações. O professor, nesse caso, é aquele sujeito mais experiente que facilita o processo de aprendizagem da modelagem matemática, já que a melhor maneira de saber usar a modelagem matemática é praticando modelagem, de preferência, junto com alguém que já lidou com situações concretas aplicando a matemática.

Para aqueles que se dispõem a trabalhar com modelagem matemática, é importante ter claro seus objetivos e estabelecer alguns critérios de qualidade adequados a esses objetivos. Por exemplo, se a modelagem matemática vai ser utilizada em sala de aula com a finalidade de motivar os alunos a incorporar certos conteúdos matemáticos ou a valorizar a própria matemática, muitas vezes, a validação dos modelos não é um critério fundamental para sua qualificação. Por outro lado, se o interesse recai nos resultados fornecidos pelo modelo, então a sua validação é indispensável.

Aplicar a matemática a questões de Biologia ou de Humanas, por exemplo, não é muito diferente do que tradicionalmente se tem feito com a Física. A matematização de uma realidade pode começar com o uso de modelos conhecidos modificados para se adaptar ao novo tema ou área, introduzindo variáveis ou hipóteses de acordo com as necessidades do novo desafio.

Neste livro, o leitor encontra alguns recursos básicos para a iniciação à modelagem, não perdendo de vista nosso objetivo principal que é o ensino-aprendizagem de matemática. A parte computacional adequada para introdução à modelagem no ensino fundamental ou médio se restringe à confecção de gráficos e ao ajuste de curvas. Propomos então a utilização de programas bastante simples que se encontram disponíveis em quase todas as máquinas, tais como Excel (da Microsoft) ou BrOffice Calc, que é uma planilha eletrônica de livre acesso e compatível com a anterior. Esta restrição computacional se deve exclusivamente à necessidade de simplificação do processo de modelagem. Em um ambiente de ensino-aprendizagem mais favorável, outros programas mais sofisticados podem ser utilizados.

Bom trabalho!

Procedimentos básicos para modelagem

Neste capítulo, vamos introduzir alguns *recursos* básicos para a iniciação à modelagem, não perdendo de vista nosso objetivo principal que é o ensino-aprendizagem de matemática.

A parte computacional adequada para introdução à modelagem no ensino fundamental ou médio se restringe, invariavelmente, à confecção de gráficos e ao ajuste de curvas. Para esse fim, propomos utilizar programas bastante simples que se encontram disponíveis em quase todas as máquinas, como o Excel da Microsoft ou o BrOffice Calc, que é uma planilha eletrônica de livre acesso e compatível com a anterior.

Esta restrição computacional se deve exclusivamente à simplificação do processo de modelagem. Em um ambiente de ensino-aprendizagem mais favorável, outros programas mais sofisticados podem ser utilizados.

O início de alguma mudança pedagógica é quase sempre marcado por euforismos e/ou frustrações. A busca de processos alternativos para aquisição de conhecimentos tem sido uma constante nos últimos tempos:

> Um dos grandes desafios deste início de século, em que um panorama de alto desenvolvimento científico-tecnológico está presente, é tornar o homem capaz de utilizar sua criatividade para gerar inovação e provocar mudanças no cenário em que está inserido. Isso implica uma postura sensível, dinâmica, responsável, independente e participativa.
> A universidade, na tentativa de enfrentar esta questão, tem buscado caminhos de reestruturação/renovação de seus projetos pedagógicos, voltados à instauração de um ambiente de ensino-aprendizagem favorável à construção do perfil deste novo homem.[2]

1 Etapas de uma modelagem

A modelagem é o processo de criação de modelos em que estão definidas as estratégias de ação do indivíduo sobre a realidade, mais especificamente sobre a *sua realidade*, carregada de interpretações e subjetividades próprias de cada modelador. Em nossos cursos de especialização ou reciclagem de professores, temos procurado conjugar a experiência de ensino com a perspectiva da modelagem, buscando aliar, da melhor forma possível, preocupações teóricas, filosóficas e metodológicas especiais. Essas preocupações levam em conta os recursos humanos disponíveis, os interesses partilhados por professores, alunos e comunidade, os contextos social, político, econômico etc. A utilização da modelagem na educação matemática valoriza o "saber fazer" do cursista e desenvolve sua capacidade de avaliar o processo de construção de modelos matemáticos em seus diferentes contextos de aplicações, a partir da realidade de seu ambiente.

Diferentes concepções de ensino de Matemática são consequência de diferentes concepções sobre a própria Matemática. Quando se assume a visão de Matemática como algo presente na realidade, sendo uma estratégia de ação ou de interpretação desta realidade, se está adotando o que caracterizamos como uma postura de etno/modelagem. Entendemos por etnomatemática a matemática praticada e elaborada por um grupo cultural e que está presente nas mais diversas situações. Buscamos também resgatar, num curso de especialização, o conhecimento etnomatemático, suas interpretações e contribuições, através de alguma sistematização matemática.

Trabalhar com **modelagem matemática** em tais cursos não visa simplesmente à ampliação do conhecimento matemático dos professores cursistas, mas, sobretudo, o desenvolvimento da forma de pensar e agir destes profissionais – é a produção do saber aliada à abstração e à formalização, estão interligadas a fenômenos e processos empíricos encarados como **situações-problema**.

A modelagem matemática é simplesmente uma estratégia utilizada para obtermos alguma explicação ou entendimento de determinadas situações reais. No processo de reflexão sobre a porção da realidade, selecionamos os argumentos considerados es-

1 Etapas de uma modelagem

senciais e procuramos uma formalização artificial *(modelo matemático)* que contemple as relações que envolvem tais argumentos. O passo inicial é encontrar dados experimentais e/ou inferências de especialistas relativos ao tema. Em outras palavras, geralmente, uma modelagem tem início com uma **tabela de valores**, que pode ser obtida das mais diferentes formas. Atualmente, a internet tem sido a primeira fonte de informações, e estas vão sendo complementadas conforme a exigência dos modelos no processo de refinamento e aprendizagem. Salientamos que o refinamento dos modelos constitui a ideia básica da modelagem quando estamos preocupados com o processo de ensino-aprendizagem. Para cada novo modelo, de uma mesma situação, exigem-se novos conhecimentos tanto da área em que se insere o fenômeno analisado como da própria matemática utilizada.

Se em determinadas situações é muito complicado ou mesmo impossível obter uma base de valores numéricos, mesmo assim se pode formular modelos matemáticos coerentes com essa realidade ainda que, neste caso, não se possa validá-los.

Nesta seção, vamos dar um exemplo abstrato de caráter geral de uma modelagem. O mesmo procedimento pode ser usado em quase todas as situações analisadas.

1.1 Escolha de temas

O início de uma modelagem se faz com a *escolha de temas*. Faz-se um levantamento de possíveis situações de estudo as quais devem ser, preferencialmente, abrangentes para que possam propiciar questionamentos em várias direções. Por exemplo, se o tema escolhido for *vinho*, pode-se pensar em problemas relativos a vinicultura, fabricação, distribuição, efeitos do álcool no organismo humano, construção de tonéis, entre outros. Se for *abelha*, poderão surgir problemas de dinâmica populacional, dispersão de colmeias, forma dos alvéolos, comercialização do mel, comunicação dos insetos, interação com plantações etc. De qualquer modo, se um assunto escolhido for desconhecido ou "novo", o professor deve, antes de mais nada, procurar temas correlacionados e buscar uma analogia entre os fenômenos ou, pelo menos, entre as tendências de seus valores.

É muito importante que os temas sejam escolhidos pelos alunos, que, desta forma, se sentirão corresponsáveis pelo processo de aprendizagem, tornando sua participação mais efetiva. É claro que a escolha final dependerá muito da orientação do professor, que discursará sobre exequibilidade de cada tema, facilidade na obtenção de dados, visitas, bibliografia etc.

1 Etapas de uma modelagem

Tanto no caso em que há apenas um assunto escolhido como quando os temas são diversificados, os alunos devem trabalhar em pequenos grupos com problemas específicos do tema comum ao grupo. Assim, o levantamento de problemas deve ser feito em grupos já definidos – o professor não deve propor diretamente os problemas, mas atuar como monitor em cada grupo, sugerindo situações globais que devem ser incorporadas pelos alunos.

Nas diversas situações de modelagem de que participamos em cursos de Especialização para professores, os temas escolhidos para pesquisa foram bastante diversificados e muitas vezes excêntricos. Segue uma listagem dos temas escolhidos e sua frequência:

Agricultura: Milho, Soja, Trigo, Cana-de-açúcar (2), Seringueira, Urucum, Café, Erva-mate, Movimento dos Sem-terra, Irrigação;

Fruticultura: Laranja, Uva (2), Banana, Maçã (2);

Horticultura: Alface, Pepino, Hidroponia;

Animais: Suinocultura (2), Apicultura, Ranicultura, Piscicultura (3), Pecuária, Minhocultura; Avicultura (2), Andorinhas, Jacaré, Escargot;

Saúde: Doenças (2), Aids, Medicamentos genéricos, Antibióticos, Cefaleia, Dengue, Dieta alimentar, Paranoia, Fumante, Gripe suína;

Lazer: Esporte, Olimpíada, Conforto, Festa do Peão, Atividades Sociais, Brincadeiras Infantis, Cinema, Estilingue, Bebidas Alcoólicas;

Industrialização: Papel, Cerveja (2), Pneu, Embalagem, Estocagem, Móveis, Pisos, Fermentado lácteo, Vinho, Cerâmica artística, Tecelagens manual e mecânica, Latas, "Vaca mecânica", Olaria, Coca-Cola, Leite, Carroça;

Ecologia: Poluição, Água, Lixo (3), Rio Cuiabá, Índice pluviométrico, Sensoriamento remoto, Reflorestamento;

Transporte: Transporte coletivo (4), Acidentes de trânsito;

Energia Elétrica (2) – Usina, Iluminação de ruas, Eletrificação de uma favela;

Outros: Construção civil, Violência (2), Esoterismo, Madeira, Aquecedor solar, Sabão em pó, Cores, Dívida Externa, Mineração de ouro, Missões Jesuítas, Supermercado, Eleição.

A diversidade dos temas por si só já é uma demonstração da abrangência do programa e muitos serviram como motivação de pesquisa em projetos de Matemática Aplicada. Por exemplo, do tema "Fabricação de papel" tivemos modelos simples do controle de bactérias que motivaram posteriormente o estudo de controle de tumores cancerígenos numa tese de doutorado no IMECC-Unicamp [1] . Do tema "Maçã", o

1 Etapas de uma modelagem

projeto de espalhamento de doenças proporcionou um estudo *a posteriori* de modelos alternativos de disseminação de doenças em ambientes fechados, onde introduzimos sistemas dinâmicos fuzzy, o qual iremos apresentar neste livro [5] e [19]. Já alguns temas desenvolvidos em cursos de Especialização, assim como o próprio processo de modelagem, motivaram várias pesquisas em cursos de pós-graduação de Educação Matemática.

Para a escolha de um tema, a regra é bastante simples: não tenha medo e opte por algo que você gostaria de entender melhor.

1.2 Coleta de dados

Uma vez escolhido o tema, o próximo passo é buscar informações relacionadas com o assunto. A coleta de dados qualitativos ou numéricos pode ser efetuada de várias formas:

- Através de entrevistas e pesquisas executadas com os métodos de amostragem aleatória – neste caso, a organização de um questionário eficiente e a utilização de alguns conceitos básicos de Estatística são fundamentais;

- Através de pesquisa bibliográfica, utilizando dados já obtidos e catalogados em livros e revistas especializadas;

- Através de experiências programadas pelos próprios alunos.

Ao efetuar uma coleta de dados, tendo como pano de fundo o tema escolhido, muitas vezes o resultado obtido é bastante inesperado e interessante e acabamos coletando ou selecionando informações de outras situações correlatas ao tema inicial. Quando buscamos informações de espalhamento de doenças de maçãs encaixotadas, deparamos com problemas clássicos de empilhamento de bolas, conjecturas famosas como a de Kepler e publicações históricas como as de Alpoim. Em termos de ensino-aprendizagem de matemática, essa situação é bastante favorável, pois proporciona direcionamentos alternativos para se desenvolver a aprendizagem de algum conteúdo.

Os dados coletados devem ser organizados em tabelas, que, além de favorecer uma análise mais eficiente, podem ser utilizadas para a construção dos gráficos das curvas de tendências. A seguir, daremos um exemplo com dados fictícios de uma suposta modelagem.

1 Etapas de uma modelagem

Dados Iniciais

Consideremos que, de alguma situação analisada, obtivemos uma sequência de valores dados na seguinte tabela:

Tempo	n	0	1	2	3	4	5	6	7
variável	x_n	9,5	18,5	29,1	46,9	70,8	121,1	175,3	257,7
Tempo	n	8	9	10	11	12	13	14	15
variável	x_n	351,4	440,8	512,9	562,2	597,7	629,4	642,3	651,2

Tabela 1.1- Dados fictícios

A tabela de valores (Tabela 1.1) indica a existência de uma relação entre a "variável" x_n e o estágio ou "tempo" n. A curva de tendência dos valores (Figura 1.1) nos oferece uma ideia de como deve se comportar o modelo matemático, neste caso, traduzido por uma **função discreta** $x_n = f(n)$.

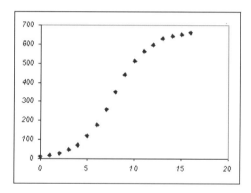

Figura 1.1- Tendência da sequência x_n

Uma primeira abordagem do problema é conseguir mais informações sobre a dinâmica dos pontos da sequência $\{x_n\}$, o que pode ser obtido calculando-se a diferença (ou *variação simples*) $\Delta x_n = x_{n+1} - x_n$ (Tabela 1.2):

1 Etapas de uma modelagem

Tempo	variável	Variação	Modelo
n	x_n	$x_{n+1} - x_n$	x_n
0	9,5		9,5
		9	
1	18,5		14,6
		10,6	
2	29,1		22,2
		17,8	
3	46,9		33,9
		23,9	
4	70,8		51,2
		50,3	
5	121,1		76,8
		54,2	
6	175,3		113,6
		82,4	
7	257,7		164,6
		93,7	
8	351,4		231,8
		89,4	
9	440,8		314,0
		72,1	
10	512,9		404,6
		49,3	
11	562,2		492,2
		35,5	
12	597,7		564,1
		31,7	
13	629,4		614,2
		12,9	
14	642,3		644,1
		9,9	
15	651,2		660,0

Tabela 1.2 -Dados experimentais e variações simples

A Figura 1.2 apresenta a tendência das variações $\Delta x_n = x_{n+1} - x_n$ em relação aos valores x_n. Uma curva contínua que se ajusta a estes pontos deve ter a concavidade voltada para baixo e passar por um ponto de máximo.

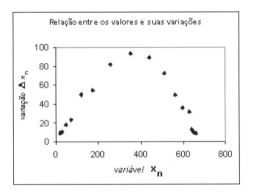

Figura 1.2- Variações simples

1 Etapas de uma modelagem

1.3 Análise de dados e formulação de modelos

Buscar um modelo matemático que expresse a relação entre as variáveis é, efetivamente, o que se convencionou chamar de modelagem matemática. Muitas vezes, esses modelos são dados pela solução de sistemas variacionais. Dessa forma, é sempre conveniente entender como é a **variação** das variáveis envolvidas no fenômeno analisado (Figura 1.2).

Podemos observar na Figura 1.2 que a variação simples $\Delta x_n = x_{n+1} - x_n$ tem o aspecto de uma função quadrática, é positiva e crescente até, aproximadamente 93,7 e depois decresce, tendo sempre uma concavidade para baixo. Então, podemos considerar uma curva que **ajuste** estes pontos na forma de uma parábola. Usando um programa de ajuste de curvas do Excel, obtemos a parábola, Figura 1.4,

$$x_{n+1} - x_n = -0,0008 x_n^2 + 0,5664 x_n - 7,4859$$

O modelo de interação fornece cada valor x_{n+1} desde que se conheça o valor anterior x_n e, neste caso, temos:

$$x_{n+1} \simeq -0,0008 x_n^2 + 1,5664 x_n - 7,4859$$

Por outro lado, se tomássemos diretamente da Tabela 1.2 os valores de x_{n+1} e x_n, teríamos o ajuste quadrático

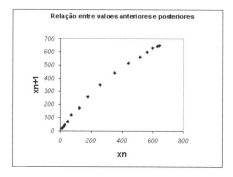
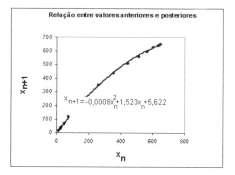

Figura 1.3 - Relação entre os valores anteriores e posteriores

Figura 1.4 - Ajuste quadrático entre x_n e x_{n+1}

1 Etapas de uma modelagem

$$x_{n+1} = -0,0008x_n^2 + 1,523x_n + 5,622 \tag{1.3.1}$$

ou seja, $x_{n+1} - x_n = -0,008x_n^2 + 0,523x_n + 5,622$

O conceito de ajuste de curvas e o processo de quadrados mínimos estão no Capítulo 4.

1.4 Validação

A equação 1.3.1 é uma fórmula de recorrência onde cada termo depende do anterior, isto é,

$$\begin{cases} x_{n+1} = f(x_n) \\ x_0 \quad \text{dado} \end{cases} \tag{1.4.1}$$

Equações deste tipo são denominadas *equações de diferenças finitas*. A proposta em casos como este é encontrar a solução da equação, ou seja, determinar a relação existente entre a variável de estado x_n e o estágio n como veremos no capítulo 2.

A validação de um modelo é um processo de aceitação ou rejeição deste, análise que é condicionada a vários fatores, sendo preponderante o confronto dos dados reais com os valores do modelo. Um bom modelo deve servir para explicar os resultados e tem capacidade de previsão de novos resultados ou relações insuspeitas.

A formulação inicial de um modelo simples é fundamental para se entender melhor o problema e diagnosticar quais características do fenômeno devem ser consideradas no modelo. Entretanto, nem sempre um primeiro enfoque do problema ou um modelo simplista conduz a bons resultados, sendo necessária a sua reformulação, que, geralmente, é obtida com modificações nas variáveis ou nas leis de formação previamente estabelecidas. Ainda, no processo de modelagem, a escolha do instrumental matemático é fundamental, principalmente em se tratando de promover o conhecimento matemático. Assim, num ambiente de estudo do ensino básico, um modelo simples, mesmo que não reproduza perfeitamente os dados experimentais, pode ser bastante eficiente no contexto educacional. Um modelo matemático é bom quando satisfaz algum objetivo e quando o usuário o considera como tal.

O uso de gráficos das soluções e a confecção de tabelas de dados modelados em confronto com os dados experimentais podem facilitar a validação de um modelo

1 Etapas de uma modelagem

matemático ou mesmo sugerir modificações neles.

1.5 Convergência e Estabilidade

Rua de São Miguel, em (Açores), Portugal

A formulação matemática depende da escolha que se faz em relação à **continuidade** ou não das variáveis observadas. Variáveis são grandezas que se modificam durante o processo. Quando se tem um conjunto finito de dados observados, dizemos que este conjunto *discreto* corresponde a uma sequência finita de valores $\{x_n\}_{1\leq n \leq k} = \{x_1, x_2, ..., x_k\}$. Se a variável x pode assumir todos os valores reais intermediários entre os valores discretos da sequência, dizemos que x é uma *variável contínua*.

Uma sequência real é um conjunto *discreto* dado por uma função real definida num subconjunto $A \subseteq \mathbb{N}$:

$$\begin{cases} f : A \subseteq \mathbb{N} \to \mathbb{R} \\ \quad n \to f(n) = x_n \end{cases}$$

Se a função f puder ser extendida ao intervalo $[a,b]$ onde $a = min\{\,x \in A\}$ e $b = max\{\,x \in A\}$, então a variável de estado x_n é dita contínua.

Por exemplo, dada a sequência $f(n) = \frac{1}{n}$, com $\in \mathbb{N}$, a imagem da função f é um conjunto discreto $\left\{1, \frac{1}{2}, \frac{1}{3}, ..., \frac{1}{n}, ...\right\}$, porém a função $f^* : [1, \infty) \to \mathbb{R}$, dada por $f^*(x) = \frac{1}{x}$, $x \geqslant 1$, está definida para todos os pontos de $[1, \infty)$ e $f^*_{/\mathbb{N}} = f$ (a função estendida f^* coincide com f no conjunto $\mathbb{N}$).

1 Etapas de uma modelagem

No processo de modelagem, quando se tem uma tabela de dados (experimentais ou não) x_n, isto é, valores da variável x_n, o que se procura essencialmente é determinar a função f de modo que $x_n = f(n)$. A busca desta função que relaciona o estágio n com um valor experimental x_n nem sempre é simples quando desejamos fazer previsões do fenômeno (simular valores que não são dados experimentais) e, neste caso, devemos, via de regra, fazer uso de certos artifícios matemáticos como análise de **convergência da sequência** $\{x_n\}_{n\in\mathbb{N}}$ e **variações** de x_n. A convergência da sequência $\{x_n\}_{n\in\mathbb{N}}$ nos garante a **estabilidade** da variável no futuro:

> "Uma sequência é convergente para x^* e escrevemos $x_n \longrightarrow x^*$, se x_n se aproxima de x^* quando n for muito grande".

A afirmação em destaque, do ponto de vista de um matemático, está longe da exatidão que ele busca quase sempre, pois palavras como "se aproxima" ou "muito grande" podem ser consideradas mais subjetivas que determinísticas. A definição formal do que se convencionou chamar *limite de uma sequência* é obtida fazendo-se a tradução de tais palavras:

Definição 1. *Uma sequência* $\{x_n\}_{n\in\mathbb{N}}$ *é convergente para* x^* *e escrevemos* $x_n \longrightarrow x^*$ *se, para cada número positivo existir um número natural* n_0 *tal que se* $n > n_0$ *então* $|x_n - x^*| < \epsilon$.

Dizemos que x^* é o *limite* de $\{x_n\}_{n\in\mathbb{N}}$ e escrevemos

$$\lim_{n \to \infty} x_n = x^* \quad \text{ou} \quad x_n \longrightarrow x^*$$

Exemplos:

1) Seja
$$\{x_n\}_{n\in\mathbb{N}} = \left\{1 + \frac{1}{n}\right\}_{n\in\mathbb{N}}.$$

Vamos mostrar que $x_n \longrightarrow 1$.

De fato, para cada $\epsilon > 0$ arbitrário, basta considerar o número natural $n_0 > \frac{1}{\epsilon}$ e teremos $|x_n - 1| = \left|\left(1 + \frac{1}{n}\right) - 1\right| = \frac{1}{n}$. Logo, se $n > n_0 \implies \frac{1}{n} < \frac{1}{n_0} < \epsilon$, o que completa a prova.

Em palavras, $1 + \frac{1}{n}$ se aproxima do valor $x^* = 1$ quando n cresce.

2) Seja
$$\{x_n\}_{n\in\mathbb{N}} = \left\{(-1)^n \frac{n}{n+1}\right\}_{n\in\mathbb{N}} = \left\{-\frac{1}{2}, \frac{2}{3}, -\frac{3}{4}, \ldots, (-1)^n \frac{n}{n+1}, \ldots\right\}$$

1 Etapas de uma modelagem

Vamos mostrar que $\{x_n\}_{n \in \mathbb{N}}$ não converge.

Suponhamos (por absurdo) que $(-1)^n \frac{n}{n+1}$ seja convergente, isto é, $(-1)^n \frac{n}{n+1} \longrightarrow x^*$. Então, se considerarmos $\epsilon = \frac{1}{2}$, deve existir um número natural n_0 tal que se $n > n_0$, devemos ter $\left|(-1)^n \frac{n}{n+1} - x^*\right| < 1$ e também $\left|(-1)^{n+1} \frac{n+1}{n+2} - x^*\right| < \frac{1}{2}$.

Por outro lado, temos

$$\left|(-1)^{n+1}\frac{n+1}{n+2} - (-1)^n \frac{n}{n+1}\right| = |(-1)^n|\left|-\frac{n+1}{n+2} - \frac{n}{n+1}\right| = \left|\frac{2n^2+4n+1}{(n+2)(n+1)}\right| > \left|\frac{2n^2+4n+1}{n^2+3n+2}\right| > 1$$

para todo $n \in \mathbb{N}$, pois

$$\left|\frac{2n^2+4n+1}{n^2+3n+2}\right| = \frac{2n^2+4n+1}{n^2+3n+2} > 1 \iff 2n^2+4n+1 > n^2+3n+2 \iff n^2+n > 1$$

o que é verdadeiro para todo $n \geqslant 1$.

Então, teremos

$$\begin{aligned} 1 &< \left|(-1)^{n+1}\frac{n+1}{n+2} - (-1)^n \frac{n}{n+1}\right| = \left|(-1)^{n+1}\frac{n+1}{n+2} - x^* + x^* - (-1)^n \frac{n}{n+1}\right| \\ &< \left|(-1)^{n+1}\frac{n+1}{n+2} - x^*\right| + \left|(-1)^n \frac{n}{n+1} - x^*\right| < \frac{1}{2} + \frac{1}{2} = 1. \end{aligned}$$

Estas duas desigualdades levam a uma contradição e, portanto, a sequência não converge.

Observe que a subsequência $\{x_n\}_{n \in \wp} = \left\{\frac{n}{n+1}\right\}_{n \in \wp}$, onde $\wp$ é o conjunto dos números pares, converge para $x^* = 1$ e a subsequência dos ímpares $\left\{-\frac{n}{n+1}\right\}_{n \in \pounds}$ converge para $x^* = -1$ (mostre!).

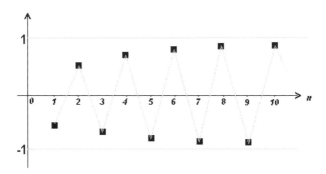

Figura 1.5-A sequência $(-1)^n \frac{n}{n+1}$ é divergente.

1 Etapas de uma modelagem

Exemplo:

Seja A_1 um quadrado de lado a, logo sua área vale a^2. Considere agora o quadrado A_2, contido em A_1, cuja diagonal é a metade da diagonal de A_1 (veja Figura 1.6).

A área de A_2 é $\frac{1}{4}$ da área de A_1.

De fato, se d_1 é a diagonal de A_1, então $d_1^2 = a^2 + a^2 = 2a^2 \Longrightarrow d = a\sqrt{2}$.

A diagonal de A_2 é $d_2 = \frac{\sqrt{2}}{2}a$ (metade de d_1). Portanto, o lado b de A_2 é dado por $d_2^2 = \left[\frac{\sqrt{2}}{2}a\right]^2 = \frac{2}{4}a^2 = b^2 + b^2 = 2b^2 \Longrightarrow b^2 = \frac{1}{4}a^2$.

Analogamente, se construirmos uma sequência de quadrados $\{A_n\}_{n\in\mathbb{N}}$ da mesma forma como foi construído A_2, teremos suas áreas dadas por

$$\text{área de } A_n = \frac{1}{4}\text{da área de } A_{n-1}$$

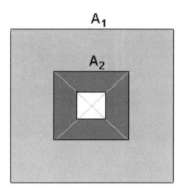

Figura 1.6- Quadrados encaixantes

Seja S_n = área de A_n, então podemos formar a sequência $\{T_n\}_{n\in\mathbb{N}}$, onde, T_n é definido como sendo a soma das áreas dos quadrados A_j com $j \leq n$.

$$T_n = \sum_{j=0}^{n} S_j$$

Agora, vamos mostrar que $\{T_n\}_{n\in\mathbb{N}}$ é convergente:

De fato, temos que $T_n = a^2 + \frac{1}{4}a^2 + \frac{1}{16}a^2 + ... + \frac{1}{2^{2n}}a^2 = a^2\left[\sum_{j=0}^{n}\frac{1}{2^{2j}}\right]$;

Por outro lado, se considerarmos a sequência $\{B_n\}_{n\in\mathbb{N}}$ onde, $B_n = S_n - S_{n-1} = \frac{3}{2^{2n}}a^2$, $n \geq 1$, temos que $a^2 = \sum_{j=1}^{\infty} B_j$ (verifique).

Logo,
$$a^2 = \sum_{j=1}^{\infty} B_j = 3a^2 \sum_{j=1}^{\infty} \frac{1}{2^{2j}} \implies \sum_{j=1}^{\infty} \frac{1}{2^{2j}} = \frac{1}{3}$$

Logo,
$$\lim_{n \to \infty} T_n = \sum_{j=0}^{\infty} S_j = a^2 \left[1 + \frac{1}{3}\right] = \frac{4}{3} a^2$$

Sequências definidas como somas de outras sequências são denominadas *séries*. Uma condição **necessária** para que uma série seja convergente é que a sequência que compõe seus fatores seja convergente, a recíproca pode não ser verdadeira. De fato, se $x_n = \frac{1}{n}$ temos $\lim_{n \to \infty} x_n = 0$ e $y_n = \sum \frac{1}{n} = +\infty$ (divergente).

No exemplo dos quadrados encaixantes temos $\lim_{n \to \infty} S_n = 0$ e $\lim_{n \to \infty} T_n = \frac{4}{3} a^2$.

Para uma função $f : \mathbb{R} \longrightarrow \mathbb{R}$ podemos também definir o *limite no infinito* de modo análogo ao definido para sequências:

Definição 2. *Dizemos que L é o limite de $f(x)$, quando x tende a $+\infty$ se, dado um valor arbitrário $\epsilon > 0$, pudermos determinar um número real positivo M, tal que se $x > M$ então $|f(x) - L| < \epsilon$.*

Notação: $\lim_{x \to \infty} f(x) = L$

Exemplos: 1) Seja $f(x) = \frac{2x+1}{x}$, vamos mostrar que, $\lim_{x \to +\infty} f(x) = 2$.

É necessário provar que, para todo $\epsilon > 0$, a seguinte desigualdade
$$\left| \frac{2x+1}{x} - 2 \right| < \epsilon$$
será verdadeira desde que se tenha $x > M$, onde M é determinado com a escolha de ϵ.

Temos que $\left|\frac{2x+1}{x} - 2\right| = \left|\frac{1}{x}\right|$ e, portanto, $\left|\frac{2x+1}{x} - 2\right| < \epsilon \iff \left|\frac{1}{x}\right| < \epsilon$ que é verdadeiro para todo $|x| > \frac{1}{\epsilon} = M$. Então, dado um $\epsilon > 0$ arbitrário, para todo $x \in \mathbb{R}$ tal que $|x| > \frac{1}{\epsilon} = M$, tem-se que $|f(x) - 2| < \epsilon$.

1 Etapas de uma modelagem

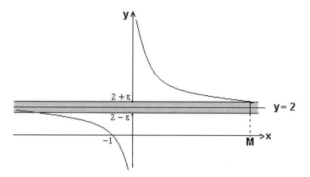

Figura 1.7-A função $f(x) = \frac{2x+1}{x}$ é estável no ponto $x = 2$

2) Seja $f(t) = 3 - 2e^{-0,3t}$.

Vamos mostrar que $\lim_{x \to +\infty} f(x) = 3$.

De fato, $|f(t) - 3| = \left|-2e^{-0,3t}\right| < \epsilon \iff 2\left|\frac{1}{e^{0,3t}}\right| < \epsilon;$

Agora, observemos que $e^{0,3t} > t$ se $t \geq 6$ (verifique) $\implies 2\left|\frac{1}{e^{0,3t}}\right| < \frac{2}{t}$ se $t \geq 6$. Assim, dado $\epsilon > 0$, basta tomar $M = \max\left\{\frac{2}{\epsilon}, 6\right\}$ e teremos $|f(t) - 3| < \epsilon$ se $t > M$.

Observação: Quando temos $\lim_{x \to +\infty} f(x) = L$, dizemos que a reta $y = L$, paralela ao eixo-x, é uma *assíntota horizontal* da função f, ou que a função f se estabiliza no ponto $y=k$.

De modo análogo, podemos definir uma *assíntota vertical* $x = k$ de $f(x)$ quando

$$\lim_{x \to k} f(x) = \infty$$

significando que, quando x se aproxima do valor k, o valor da função $|f(x)|$ cresce sem limitação. Em outras palavras,

Definição 3. *Dado um valor arbitrário $N > 0$, existe um valor $\delta > 0$ tal que se $|x - k| < \delta$ então $|f(x)| > N$.*

Exemplo: Seja $f(x) = \frac{1}{x}$ e consideremos $k = 0$. Dizer que $x \to 0$ significa que x pode se aproximar de *zero* tanto quanto se queira, e quanto mais próximo $|x|$ estiver de zero, maior será o valor de $\left|\frac{1}{x}\right|$. Por exemplo, seja $N = 10000$, então basta considerar $\delta = \frac{1}{10000}$ e teremos $|f(x)| = \left|\frac{1}{x}\right| > 10000 = N$, desde que $|x - 0| = |x| < \frac{1}{10000}$.

Logo,

$$\lim_{x \to 0} \frac{1}{x} = \infty$$

1 Etapas de uma modelagem

Podemos observar que se x se aproxima de *zero* por valores positivos, então $\frac{1}{x}$ é também positivo e crescente. Se x se aproxima de *zero* por valores negativos, então $\frac{1}{x}$ é também negativo e decrescente. Este fato pode ser denotado por

$$\lim_{x \to 0^+} \frac{1}{x} = +\infty \quad \text{(limite à direita)}$$

$$\text{e} \lim_{x \to 0^-} \frac{1}{x} = -\infty \quad \text{(limite à esquerda)}$$

Dizemos então que $f(x) = \frac{1}{x}$ não é limitado num intervalo que contém o ponto $x = 0$.

De qualquer maneira, $x = 0$ é uma *assíntota vertical* da função $f(x) = \frac{1}{x}$.

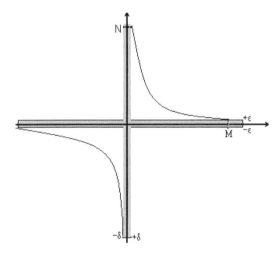

Figura 1.8 - Assíntotas da função $f(x) = \frac{1}{x}$

Propriedades dos limites infinitos

1. Se $\lim_{x \to a} f(x) = +\infty$ e $\lim_{x \to a} g(x) = k$, então,

a) $\lim_{x \to a}[f(x) + g(x)] = +\infty$

b) $\lim_{x \to a}[f(x).g(x)] = \begin{cases} +\infty & \text{se } k > 0 \\ -\infty & \text{se } k < 0 \end{cases}$

Se $k = 0$, é necessário uma análise mais apurada.

2. Se $\lim_{x \to a} f(x) = -\infty$ e $\lim_{x \to a} g(x) = k$, então,

a) $\lim_{x \to a}[f(x) + g(x)] = -\infty$

b) $\lim_{x \to a}[f(x).g(x)] = \begin{cases} -\infty & \text{se } k > 0 \\ +\infty & \text{se } k < 0 \end{cases}$

1 Etapas de uma modelagem

3. Seja $f(x)$ uma função racional, isto é, $f(x) = \frac{P(x)}{Q(x)}$, onde
$P(x) = \sum_{k=0}^{n} a_k x^{n-k} = a_0 x^n + a_1 x^{n-1} + \ldots + a_n$; com $a_0 \neq 0$
$Q(x) = \sum_{k=0}^{m} b_k x^{m-k} = b_0 x^m + b_1 x^{m-1} + \ldots + b_m$; com $b_0 \neq 0$.
Então,

$$\lim_{x \to \pm\infty} f(x) = \begin{cases} 0 & \text{se } n < m; \\ \frac{a_0}{b_0} & \text{se } n = m \\ +\infty & \text{se } [n > m \text{ e } a_0 b_0 > 0] \\ -\infty & \text{se } [n > m \text{ e } a_0 b_0 < 0] \end{cases}$$

4. $\lim_{x \to k} f(x) = 0 \iff \lim_{x \to k} \frac{1}{f(x)} = \infty$.

O comportamento de uma curva para pontos "distantes" da origem nos leva ao estudo das assíntotas inclinadas cuja definição mais geral é dada por:

Definição 4. *Seja $y = f(x)$ uma curva do plano e $P(x,y)$ um ponto arbitrário desta curva. Seja d a distância deste ponto P a uma reta r. Dizemos que esta reta r é uma assíntota à curva se $d \to 0$ quando $P \to \infty$. Em outras palavras, para todo $\in > 0$ existe $M > 0$ tal que $d < \in$ se $\sqrt{x^2 + y^2} > M$.*

Por esta definição, é claro que se $\lim_{x \to a} f(x) = \infty$ então a reta vertical $x = a$ é uma assíntota à curva $y = f(x)$.

Proposição 1. *A reta $y = ax + b$ é uma assíntota da curva $y = f(x)$ se, e somente se, $\lim_{x \to \infty} [f(x) - ax - b] = 0$*

Esta proposição segue imediatamente da definição.

Agora, se $y = ax + b$ é uma assíntota da curva $y = f(x)$, podemos determinar as constantes a e b da seguinte forma:

$$\lim_{x \to \infty} [f(x) - ax - b] = 0 \iff \lim_{x \to \infty} x\left[\frac{f(x)}{x} - a - \frac{b}{x}\right] = 0 \iff \lim_{x \to \infty} \left[\frac{f(x)}{x} - a - \frac{b}{x}\right] = 0$$

$\iff$

$$\lim_{x \to \infty} \frac{f(x)}{x} = a$$

Conhecendo o valor de a podemos determinar b tomando

$$b = \lim_{x \to \infty} [f(x) - ax]$$

1 Etapas de uma modelagem

Se um dos limites não existir, então a curva não admite uma reta como assíntota. Também é claro que se $a = 0$, a reta assíntota será horizontal se $\lim_{x \to \infty} f(x) = b$.

Exemplo 1. *Encontrar as assíntotas da curva* $y = \frac{x^2+x}{x-1}$.

Solução: (a) Temos que

$$\lim_{x \to 1^+} \frac{x^2+x}{x-1} = +\infty \quad \text{e} \quad \lim_{x \to 1^-} \frac{x^2+x}{x-1} = -\infty$$

Então, $x = 1$ é uma assíntota vertical.

(b) Para se ter assíntota inclinada ou horizontal é necessário (mas não suficiente) que

$$\lim_{x \to \pm\infty} \frac{x^2+x}{x-1} = \pm\infty,$$

que é este caso, uma vez que o grau do polinômio $P(x) = x^2 + x$ é maior que do polinômio $Q(x) = x - 1$.

Se tiver assíntota inclinada ou horizontal $y = ax + b$, seu coeficiente angular a será

$$a = \lim_{x \to +\infty} \left(\frac{x^2+x}{x-1} \right) \frac{1}{x} = \lim_{x \to +\infty} \frac{x^2+x}{x^2-x} = 1$$

e a constante b é dada por:

$$b = \lim_{x \to +\infty} \left[\frac{x^2+x}{x-1} - x \right] = \lim_{x \to +\infty} \frac{2x}{x-1} = 2$$

Assim, $y = x + 2$ é uma assíntota inclinada da curva $y = \frac{x^2+x}{x-1}$.

Para investigar a posição da curva em relação à assíntota, toma-se a diferença

$$\delta = \left(\frac{x^2+x}{x-1} \right) - (x+2) = \frac{2}{x-1}$$

Temos, $\delta > 0 \iff x > 1$.

1 Etapas de uma modelagem

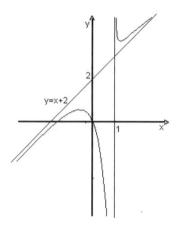

Figura 1.9-A curva e suas assíntotas

Observamos que para determinar o valor de $x^* = \lim_{n\to\infty} f(n)$ deveríamos ter a expressão de $x_n = f(n)$. Entretanto, se soubermos *a priori*, através das características específicas do fenômeno analisado, que a sequência x_n é convergente, podemos procurar determinar o valor aproximado de x^* (veja método de Ford-Walford). O conhecimento do valor limite x^* é essencial para a elaboração de modelos matemáticos de fenômenos caracterizados pela estabilidade.

Em termos matemáticos, se tivermos uma sequência real *monótona* (crescente ou decrescente) e *limitada*, então podemos afirmar que ela é convergente. Na prática, as sequências finitas muitas vezes são provenientes de medidas periódicas temporais de alguma variável evolutiva. Por exemplo, se $\{x_n\}, n = 1, 2, \ldots, r$, são valores da altura média de uma determinada árvore, tomados em k idades sucessivas, podemos afirmar que tal sequência *crescente* é convergente para o valor máximo da altura dessa espécie. Nesse caso, o fato de a sequência ser limitada é imposição biológica do fenômeno analisado, pois nenhuma árvore pode crescer sem limitação.

1.6 Cálculo do Valor Assintótico – Método de Ford-Walford

Considere um conjunto de dados $\{(x_n, y_n)\}$, $n = 1, 2, \ldots, k$. Vamos supor que temos a informação sobre a sequência $y_n = f(x_n)$ relativa ao seu crescimento assintótico, isto é, sabemos *a priori* que a sequência $\{y_n\}$ é convergente quando x_n cresce. Este conhecimento pode ser induzido porque $\{y_n\}$ é monótona e limitada ou simplesmente

1 Etapas de uma modelagem

pelo próprio fenômeno estudado. Então, devemos determinar o valor limite y^* de modo que

$$y^* = \lim_{x_n \to \infty} y_n$$

O método de Ford-Walford consiste em determinar inicialmente uma função g que ajuste os pares (y_n, y_{n+1}), isto é,

$$y_{n+1} = g(y_n) \qquad \text{(curva ajustada)}$$

e em seguida encontrar seu ponto fixo.

Temos que

$$\lim_{x_n \to \infty} g(y_n) = \lim_{x_n \to \infty} y_{n+1} = \lim_{x_n \to \infty} y_n = y^*$$

ou seja, a sequência de pontos do plano $\{(y_n, y_{n+1})\}$ converge para o ponto (y^*, y^*) se y^* for um *ponto fixo* da função g :

$$y^* = g(y^*)$$

Assim, y^* é tal que $y_{n+1} \simeq y_n$.

Resumindo, y^* é o valor limite da sequência $\{y_n\}$ quando

$$\begin{cases} y_{n+1} = y_n = y^* \\ y_{n+1} = g(y_n) \end{cases} \Leftrightarrow y_n = g(y_n) \Leftrightarrow y_n \text{ for um } \textit{ponto fixo} \text{ de } g$$

Exemplo:

Consideremos os dados da Tabela 1.1. Um ajuste quadrático dos pontos (y_i, y_{i+1}) nos dá

$$y_{n+1} = g(y_n) = -0,0008 x_n^2 + 1,523 x_n + 5,622$$

A solução do sistema

$$\begin{cases} y_{n+1} = -0,0008 y_n^2 + 1,523 y_n + 5,622 \\ y_{n+1} = y_n \end{cases}$$

fornece o ponto limite $y_{n+1} = y_n = y^* \approx 675$

1 Etapas de uma modelagem

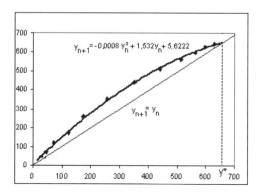

Figura 1.10- Cálculo do ponto limite

Em relação ao modelo, em forma de uma curva de previsão $y = f(t)$, que pretendemos construir com os dados experimentais da Tabela 1.1, já sabemos que tal curva deve ser crescente e limitada por $y^* \approx 675$, isto é, deve satisfazer

$$\lim_{t \to \infty} f(t) = 675$$

Em outras palavras, a reta $y = 675$ deve ser uma assíntota horizontal de $f(t)$.

Dentre as curvas planas com inibição, temos duas clássicas: *exponencial assintótica* (Figura 1.11) e de *crescimento inibido com ponto de inflexão* (Figura 1.12).

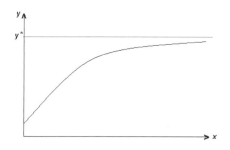

Figura 1.11 - Função exponencial assintótica

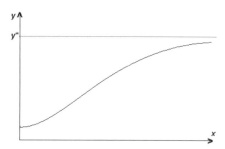

Figura 1.12 - Crescimento inibido com ponto de inflexão

Uma função exponencial assintótica geral tem a expressão

$$f(x) = y^* + be^{-\lambda x} \qquad (1.6.1)$$

Uma curva com crescimento limitado e atingindo um valor máximo num ponto

1 Etapas de uma modelagem

intermediário é também bastante comum em modelos unidimensionais. Exemplos clássicos desse tipo de função são as soluções dos modelos logísticos, de Gompertz e de Von Bertalanffy:

$$\text{logístico:} \quad f(x) = \frac{y^*}{be^{-\lambda x} + 1}$$

$$\text{Gompertz:} \quad f(x) = y^* \left[\frac{x_0}{y^*}\right]^{e^{-bx}}$$

$$\text{Von Bertalanffy:} \quad f(x) = y^* \left[1 - e^{-\frac{\beta}{3}x}\right]^3$$

Essencialmente, o que difere nestes modelos é a posição do ponto de inflexão.

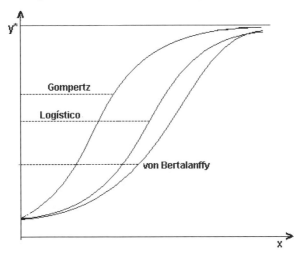

Figura 1.13 - Crescimento inibido com ponto de inflexão

1.7 Variações

Quando temos uma variável y, dependendo quantitativamente de outra variável independente x, podemos, muitas vezes, construir o modelo matemático ou analisar a dependência através das características variacionais dessas variáveis, ou seja, o modelo é formulado através das *variações* destas grandezas. Entretanto, o termo *variação* pode ter diferentes formulações em matemática e para cada situação podemos escolher o tipo mais apropriado para o modelo.

1 Etapas de uma modelagem

1.7.1 Tipos de Variação

As variações podem ser formuladas em termos gerais, considerando-se as variáveis x e y (discretas ou contínuas).

Considere a função real f definida em $A \subseteq \mathbb{R}$,

$$y = f(x), \qquad x \in A.$$

Sejam x_1, x_2 elementos de A, então definimos:

a) Variação simples (ou absoluta) de y:

$$\Delta y = f(x_2) - f(x_1) \qquad (1.7.1)$$

é a diferença da variável dependente y em dois estágios da variável independente x.

b) Variação média (ou taxa de variação média):

$$\frac{\Delta y}{\Delta x} = \frac{f(x_2) - f(x_1)}{x_2 - x_1} \qquad (1.7.2)$$

é a proporção entre as variações de y e de x. A variação média mostra quanto variou y por unidade de x.

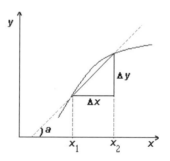

Figura 1.14 - Variação média $\Delta y / \Delta x$

$\dfrac{\Delta y}{\Delta x}$, geometricamente, mede o coeficiente angular (ou inclinação) da reta que liga os pontos $(x_1, f(x_1))$ e $(x_2, f(x_2))$.

1 Etapas de uma modelagem

c) Variação relativa:

$$\frac{1}{y_i}\frac{\Delta y_i}{\Delta x_i} = \left(\frac{f(x_{i+1})-f(x_i)}{x_{i+1}-x_i}\right)\frac{1}{y_i} \qquad (1.7.3)$$

mostra a variação de y por unidade de x, relativa ao estágio inicial $y = y_i$.

As variações simples, média e relativa nem sempre são satisfatórias quando o processo envolve variáveis contínuas. Em muitas situações, o conhecimento da variação em um ponto é necessária.

d) Variação instantânea: A variação instantânea ou derivada de uma função $y = f(x)$, num ponto x^*, é dada pelo valor do limite:

$$\lim_{\Delta x \to 0}\frac{f(x^*+\Delta x)-f(x)}{\Delta x} = f'(x^*) \qquad (1.7.4)$$

quando tal limite existir.

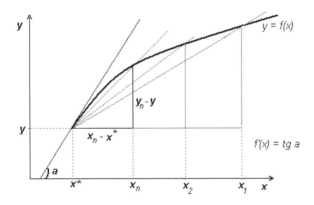

Figura 1.15 - convergência da sequência de variações médias

Em outras palavras, se a sequência $\{x_n\}$ converge para x^*, então a sequência das variações médias $\left\{\dfrac{y_n - y}{x_n - x^*}\right\}$ converge para $f'(x^*)$.

Observamos que se $y = f(x)$ é uma função contínua em (a,b) e sua variação média também é contínua, então existe $f'(x)$ para todo $x \in (a,b)$.

Exemplo: Seja $P(t)$ a densidade populacional dada pela curva logística

$$P(t) = \frac{1}{2e^{-0,4t}+1}$$

1 Etapas de uma modelagem

Então, a variação simples nos dois primeiros anos é

$$P(2) - P(0) = 0,193354$$

A variação média nestes dois anos é

$$\Delta P = \frac{P(2) - P(0)}{2 - 0} = 0,096673$$

A variação instantânea no tempo médio $t = 1$ é

$$\left.\frac{dP}{dt}\right|_{t=1} = 0,097882$$

Exemplo - variação populacional: Seja N o número de indivíduos da população brasileira (dado em milhões de habitantes), nos censos oficiais:

Período	Censo demog.
1940	41,236
1950	51,944
1960	70,992
1970	93,139
1980	119,003
1991	146,825
1996	156,804
2000	170,143
2010	192,040

Tabela 1.3 - Censo demográfico brasileiro Fonte: www.ibge.gov.br/home/estatistica/populacao/censohistorico/1940_1996.shtm

Considerando que a população N varia com tempo t, podemos induzir que N seja uma função de t, isto é,

$$N = f(t)$$

Sejam t_1 e t_2 dois instantes com $t_2 > t_1$. Então, a diferença

$$\Delta N = N_2 - N_1 = f(t_2) - f(t_1)$$

é a *variação total* (ou, simplesmente, variação) do tamanho da população no intervalo de tempo de t_1 a t_2.

1 Etapas de uma modelagem

Observamos que se $\Delta N > 0$, então a população aumenta em tamanho neste intervalo de tempo. Se $\Delta N < 0$, a população decresce; se $\Delta N = 0$, a população permanece inalterada, em tamanho, neste intervalo de tempo.

Por exemplo, para a população brasileira, tivemos um aumento absoluto (variação simples) de
$$\Delta N = 192,04 - 170,143 = 21,897 \text{ milhões}$$
entre os anos de 2000 e 2010.

Para analisarmos com que rapidez o tamanho da população varia, devemos levar em consideração o tempo transcorrido entre as medidas de $N_1 = f(t_1) = 170,143$ e $N_2 = f(t_2) = .192,04$

Seja $\Delta t = t_2 - t_1 = 10$ (tempo transcorrido de t_1 a t_2).

A proporção
$$\frac{\Delta N}{\Delta t} = \frac{N_2 - N_1}{t_2 - t_1} = 2,19$$
mostra quanto varia a população por unidade de tempo – este valor fornece a *variação média* por unidade de tempo ou *taxa média de variação* (ou, simplesmente, taxa de variação).

A população brasileira, entre 2000 e 2010, aumentou, *em média*, 2,19 milhões por ano.

Outro tipo interessante de medida variacional, muito utilizada em dinâmica populacional, é a *taxa de variação relativa* ou taxa de crescimento interespecífico.

Essa taxa fornece uma medida de variação, relativamente à população que originou tal crescimento e sua expressão analítica, depende do modelo populacional utilizado. Os casos mais usados para esse tipo de taxa são:

(a) *Taxa de variação média relativa* (linear), que é dada por:
$$\alpha = \frac{\Delta N}{N_1 \Delta t} = \frac{N_2 - N_1}{N_1 \Delta t}$$
Com os dados anteriores, temos $\alpha = \dfrac{2,19}{170,143} = 0,01287$

Nesse caso, dizemos que a taxa de crescimento populacional, entre 2000 e 2010, foi de $1,287\%$ ao ano.

1 Etapas de uma modelagem

(b) *Taxa de variação malthusiana*, proveniente de um crescimento exponencial em cada unidade de tempo.

$$N_{t+1} - N_t = \alpha N_t$$
$$N_{t+2} - N_{t+1} = \alpha N_{t+1}$$
$$\dots\dots\dots\dots\dots$$
$$N_{t+\Delta t} - N_{t+\Delta t-1} = \alpha N_{t+\Delta t-1}$$
$$\underline{\hspace{8cm}}(+)$$
$$N_{t+\Delta t} - N_t = \alpha(N_t + N_{t+1} + \cdots + N_t + \Delta t - 1) = \alpha N_t[1 + (1+\alpha) + \cdots + (1+\alpha)^{\Delta t-1}]$$

$$\Rightarrow \frac{N_{t+\Delta t} - N_t}{N_t} = \alpha \frac{(1+\alpha)^{\Delta t} - 1}{\alpha} = (1+\alpha)^{\Delta t} - 1$$

e, portanto,

$$\alpha = \sqrt[\Delta t]{\frac{N_{t+\Delta t}}{N_t}} - 1.$$

Por exemplo, tomando $\Delta t = t_2 - t_1 = 10$, temos $N_2 = N_{t_1 + \Delta t} = 192,04$ e $N_1 = N_{t_1} = 170,143$, e temos

$$\alpha = \sqrt[10]{\frac{N_2}{N_1}} - 1 = 0,01218$$

ou seja, a população cresceu (em média) 1,218% ao ano, relativamente à proporção existente em cada ano, durante os 10 anos (de 2000 a 2010).

As variações de x_n podem, muitas vezes, proporcionar modelos na forma de equações variacionais cujas soluções são as funções objetos de nossa procura. O tipo de variação empregada é determinado pelas características do fenômeno analisado e pelo ambiente onde o estudo está sendo realizado. Entretanto, os resultados obtidos com diferentes formas de variações são, quase sempre, bastante próximos.

Projeto:
Estude a dinâmica da população brasileira subdividida por sexo (Tabela 1.4)

1 Etapas de uma modelagem

Ano	Homens	Mulheres
1940	20614088	20622227
1950	25885001	26059396
1960	35055457	35015000
1970	46331343	46807694
1980	59123361	59879345
1991	72485122	74340353
1996	77442865	79627298

Tabela 1.4 - Censo demográfico brasileiro por sexo.

a) Complete a tabela com os últimos censos;

b) Formule modelos discretos e contínuos e faça previsões para as populações em 2050.

Projeto: Estude o crescimento e as relações entre tamanho e peso de peixes com os dados da Tabela 1.5.

Idade	Comprimento(cm)	Peso(g)
0	23,4	52
1	31,2	120,1
2	37,5	210,8
3	42,1	382,4
4	46,3	522,7
5	49,9	722,2
6	52,1	839,7
7	53,7	926,3
8	54,2	975,7
9	54,8	1010,1

Tabela 1.5- Crescimento da Tilápia do Nilo.

2 Equações de diferenças lineares

Reflorestamento em Açores

A variável x é dita *contínua* se puder assumir todos os valores reais intermediários entre os valores discretos da sequência $\{x_i\}, i = 1, 2, \ldots, n$. Por exemplo, se $x_1 = 26,0; x_2 = 59,5; \ldots; x_9 = 488,2$ são os valores dados do peso de algum peixe, sabemos que qualquer valor x entre 26,0 e 488,2 pode ser assumido no intervalo [26,0; 488,2]. Logo, a variável "peso do peixe" é contínua nesse intervalo. Se a variável não for contínua, será dita *discreta*, o que significa que *somente* pode assumir valores em um conjunto discreto. Lembrando que um conjunto A será discreto se existir uma correspondência biunívoca entre seus elementos e um subconjunto dos números naturais.

Existem situações em que as equações variacionais discretas ou equações de diferenças são mais apropriadas para uma modelagem, além de serem mais simples do ponto de vista computacional.

Uma **equação de diferenças** é dita de primeira ordem se for do tipo

$$\begin{cases} y_{n+1} - y_n = f(y_n, n) \\ y_0 \text{ dado} \end{cases} \quad (2.0.1)$$

2 Equações de diferenças lineares

ou, simplesmente,

$$\begin{cases} y_{n+1} = F(y_n, n) \\ y_0 \text{ dado} \end{cases} \qquad (2.0.2)$$

Desta forma, uma equação de diferenças de primeira ordem é uma sequência $\{y_n\}_{n\in\mathbb{N}}$ dada por uma fórmula de recorrência, isto é, cada termo y_{n+1} depende do anterior y_n. Uma solução para 2.0.2 é uma função $y_n = g(n)$ que satisfaça 2.0.2 para todo $n \in \mathbb{N}$.

Exemplos:

1) $\begin{cases} P_n - P_{n-1} = 6 \\ P_1 = 3 \end{cases} \implies \begin{cases} P_2 = & P_1 + 6 \\ P_3 = & P_2 + 6 = P_1 + 2 \times 6 \\ P_4 = & P_3 + 6 = P_1 + 3 \times 6 \\ \dots\dots & \dots\dots\dots\dots\dots\dots\dots \\ P_n = & P_1 + 6(n-1) \end{cases}$

$\implies P_n = 6n - 3$ para $n \geqslant 1$.

2) $\begin{cases} A_n - A_{n-1} = 6n \\ A_0 = 1 \end{cases} \implies \begin{cases} A_0 = & 1 \\ A_1 = & 1 + 6 = & A_0 + 6 \times 1 \\ A_2 = & 7 + 12 = & A_1 + 6 \times 2 = A_0 + 6 \times 1 + 6 \times 2 \\ -- & ----- & --------------- \\ A_n = & A_{n-1} + M_n = & A_0 + 6 \times 1 + 6 \times 2 + \dots + 6n \\ & & = A_0 + 6(1 + 2 + 3 + \dots + n) \end{cases}$

Logo,

$$A_n = 1 + 6\frac{n(n+1)}{2} = 1 + 3n(n+1) \text{ para } n \geqslant 0.$$

Nem sempre podemos explicitar analiticamente a solução geral de uma equação de diferenças quando a equação não for linear e, neste caso, devemos procurar soluções aproximadas por meio das equações lineares associadas. Isso faz que um estudo das equações lineares seja imprescindível.

As equações lineares de ordem $(n - m)$ são da forma:

$$y_n = \alpha_{n-1} y_{n-1} + \alpha_{n-2} y_{n-2} + \cdots + \alpha_m y_m,$$

ou

$$y_n = \sum_{i=n-1}^{m} \alpha_i y_i \quad \text{com } \alpha_i \text{ constantes}, m < n \text{ e } (n - m) \text{ condições iniciais.} \qquad (2.0.3)$$

2 Equações de diferenças lineares

2.1 Equação de diferenças de primeira ordem

Uma equação linear é de primeira ordem se $(n - m) = 1$. Se o segundo membro da equação só depende do termo anterior, dizemos que ela é autônoma. Assim, uma equação de diferenças de 1ª ordem, linear autônoma é da forma

$$\begin{cases} y_n = \alpha y_{n-1} \\ y_0 \quad \text{dado} \end{cases} \quad (2.1.1)$$

O processo recursivo fornece:

$$y_1 = \alpha y_0$$
$$y_2 = \alpha y_1 = \alpha^2 y_0$$
$$\dots\dots\dots\dots\dots\dots\dots\dots$$
$$y_n = \alpha y_{n-1} = \alpha^n y_0$$

E, portanto,

$$y_n = y_0 \alpha^n \quad (2.1.2)$$

é a solução de (2.1.1), satisfazendo a condição inicial y_0 dada.

Uma maneira alternativa para resolver a equação (2.1.1) é a seguinte:

Suponhamos que $y_n = k\lambda^n$ seja uma solução geral de (2.1.1). Substituindo esta expressão em (2.1.1), temos:

$$k\lambda^n = \alpha k \lambda^{n-1} \Leftrightarrow k\lambda^{n-1}[\lambda - \alpha] = 0 \Rightarrow \begin{cases} \lambda = 0 \\ \text{ou} \\ \lambda = \alpha \end{cases}$$

Desde que, para $n = 0$, devemos ter $y_0 = k\lambda^0$, então $k = y_0$.

Logo,

$$y_n = \begin{cases} 0 & \text{se} \quad y_0 = 0 \\ y_0 \alpha^n & \text{se} \quad y_0 \neq 0 \end{cases} \quad (2.1.3)$$

É relativamente fácil verificar que a solução da equação linear não autônoma

2 Equações de diferenças lineares

$$\begin{cases} y_{n+1} = ay_n + b \\ y_0 \text{ dado} \end{cases} \qquad (2.1.4)$$

é dada por:

$$\begin{cases} y_n = y_0 + bn & \text{se } a = 1 \\ y_n = y_0 a^n + b\dfrac{1-a^n}{1-a} & \text{se } a \neq 1 \end{cases} \qquad (2.1.5)$$

Uma equação linear de primeira ordem com coeficientes variáveis é do tipo

$$\begin{cases} y_{n+1} = a(n)y_n + b(n) \\ y_0 \text{ dado} \end{cases}$$

Neste caso, obter uma solução explícita pode ser complicado e não faremos aqui um método geral. O Exemplo 2 representa esse tipo de equação.

Uma aplicação imediata das equações lineares de primeira ordem pode ser encontrada em problemas de capitalização e financiamento.

Exercícios: 1) Considere um capital inicial C_0 aplicado a uma taxa mensal (juros) r. Encontre o valor do resgate depois de passados k meses, supondo que o regime de juros seja:
 a) *simples*: $C_{n+1} = C_n + rC_0$;
 b) *composto*: $C_{n+1} = C_n + rC_n$.

2) Resolva a equação de diferenças

$$y_{n+1} = \alpha y_{n+1} + y_n \qquad (\alpha \neq 1), \qquad \text{com } y_0 \text{ dado}.$$

Mostre que:
 se $\alpha = 0 \Rightarrow y_n = y_0$ constante;
 se $0 < \alpha \leq 2 \Rightarrow y_n$ é divergente;
 se $\alpha < 0$ ou $\alpha > 2 \Rightarrow y_n$ é convergente.

3) Orçamento familiar

2 Equações de diferenças lineares

Consideremos uma família cuja renda mensal r_n é proveniente de um salário fixo r_0, mais o rendimento da caderneta de poupança p_n do mês anterior.

Suponhamos também que o consumo mensal c_n dessa família seja proporcional à sua renda mensal.

O modelo que estabelece relações entre as variáveis *renda*, *poupança* e *consumo* dependentes do tempo, tomados em meses, é dado por:

a) poupança: p_{n+1} = (poupança do mês anterior n) + (sobra do mês $n+1$) $\Rightarrow$

$$p_{n+1} = p_n + (r_{n+1} - c_{n+1}) \qquad (2.1.6)$$

b) renda: r_{n+1} = (salário) + (rendimento da poupança do mês anterior) $\Rightarrow$

$$r_{n+1} = r_0 + \alpha p_n, \qquad (2.1.7)$$

onde α é o juro da poupança.

c) consumo:
$$c_{n+1} = \beta r_{n+1} \qquad (0 < \beta < 1) \qquad (2.1.8)$$

Usando as três equações, escreva a equação de diferenças para poupança

$$p_{n+1} = F(p_n)$$

e encontre as soluções $p_n = f_1(n); r_n = f_2(n)$ e $c_n = f_3(n)$.

4) Financiamento

Na compra de uma casa é feito um financiamento do valor c_0 que deve ser pago em 15 anos, em parcelas mensais fixas e iguais a k.

Determine o juro mensal cobrado neste empreendimento:

Considere c_0 a dívida inicial, então, a dívida c_n num mês n é dada pela dívida corrigida do mês anterior menos a parcela paga no mês, ou seja,

$$c_{n+1} = c_n + \alpha c_n - k = (1 + \alpha)c_n - k \qquad (2.1.9)$$

2 Equações de diferenças lineares

2.2 Equação de diferença linear de segunda ordem

Uma equação linear de diferenças, de 2ª ordem, é da forma:

$$y_n = a y_{n-1} + b y_{n-2} \quad \text{com} \quad y_0 \text{ e } y_1 \quad \text{dados} \tag{2.2.1}$$

Solução:
Considerando que $y_n = k\lambda^n$ (como no caso de $1^{\underline{a}}$ ordem) seja uma solução de (2.2.1), temos:

$$k\lambda^n - ak\lambda^{n-1} - bk\lambda^{n-2} = 0 \quad \Rightarrow \quad k\lambda^{n-2}[\lambda^2 - a\lambda - b] = 0$$

logo, $\lambda = 0$ ou $\lambda^2 - a\lambda - b = 0$

• Para $\lambda = 0 \Rightarrow y_n = 0$ para todo n (solução trivial) que só tem sentido se $y_0 = y_1 = 0$.

• Se $\lambda \neq 0$, $P(\lambda) = \lambda^2 - a\lambda - b$ é o *polinômio característico* de (2.2.1) e suas raízes $\lambda_{1,2}$ são denominadas *autovalores*,

$$\lambda^2 - a\lambda - b = 0 \quad \Longrightarrow$$

$$\lambda_{1,2} = \frac{a \pm \sqrt{a^2 + 4b}}{2} \tag{2.2.2}$$

$\lambda_{1,2}$ são univocamente determinadas pelos valores dos coeficientes a e b.

Para as equações lineares vale o *princípio da superposição*, isto é, *se temos várias soluções, então a combinação linear entre elas também é uma solução*. Como λ_1 e λ_2 foram determinados, justamente com a promessa de $k\lambda_1^n$ e $k\lambda_2^n$ serem soluções de (2.2.1), podemos concluir que

$$y_n = A_1 \lambda_1^n + A_2 \lambda_2^n \tag{2.2.3}$$

também é uma solução de (2.2.1).

A expressão (2.2.3) será a solução geral de (2.2.1) se $\lambda_1 \neq \lambda_2$, isto é, se $a^2 + 4b \neq 0$. Neste caso, as constantes A_1 e A_2 são determinadas univocamente através das condições iniciais y_0 e y_1:

Para $n = 0 \Rightarrow y_0 = A_1 + A_2$
Para $n = 1 \Rightarrow y_1 = A_1 \lambda_1 + A_2 \lambda_2$
O sistema

2 Equações de diferenças lineares

$$\begin{cases} A_1 + A_2 = y_0 \\ \lambda_1 A_1 + \lambda_2 A_2 = y_1 \end{cases}$$

admite como solução os valores

$$A_2 = \frac{\lambda_1 y_0 - y_1}{\lambda_1 - \lambda_2} \quad \text{e} \quad A_1 = y_0 - \frac{\lambda_1 y_0 - y_1}{\lambda_1 - \lambda_2} \qquad (2.2.4)$$

Observações:

• Quando os autovalores da equação (2.2.2) são iguais, isto é, $\lambda_1 = \lambda_2 = \frac{a}{2}$, então a solução geral de (2.2.1) é dada por

$$y_n = (A_1 + nA_2)\left(\frac{a}{2}\right)^n \quad \text{(verifique!)} \qquad (2.2.5)$$

e as constantes A_1 e A_2 são obtidas por:

$$\begin{cases} y_0 = A_1 \\ y_1 = (A_1 + A_2)\frac{a}{2} \end{cases} \Rightarrow y_0 + A_2 = \frac{2y_1}{a} \Rightarrow A_2 = \frac{2y_1}{a} - y_0 \qquad (2.2.6)$$

• Se os autovalores λ_1 e λ_2 são complexos, isto é,

$$\lambda_1 = \alpha + \beta i = re^{i\theta} \quad \text{e} \quad \lambda_2 = \alpha - \beta i = re^{-i\theta}, \text{ onde } r = \sqrt{\alpha^2 + \beta^2} \text{ e } \theta = arctg\frac{\beta}{\alpha}.$$

Então, a solução geral real de (2.2.1) é dada por:

$$y_n = c_1 r^n \cos n\theta + c_2 r^n \operatorname{sen} n\theta \qquad (2.2.7)$$

De fato, usando a fórmula de Euler: $e^{i\theta} = \cos\theta + i\operatorname{sen}\theta$, temos:

$$\lambda_1^n = (\alpha + \beta i)^n = (re^{i\theta})^n = r^n(\cos\theta + i\operatorname{sen}\theta)^n = r^n(\cos n\theta + i\operatorname{sen} n\theta)$$

Portanto,

$$\begin{aligned} y_n &= A_1\lambda_1^n + A_2\lambda_2^n = A_1(\alpha + \beta_i)^n + A_2(\alpha - \beta i)^n \\ &= A_1 r^n(\cos n\theta + i\operatorname{sen} n\theta) + A_2 r^n(\cos n\theta - i\operatorname{sen} n\theta) \\ &= B_1 r^n \cos n\theta + iB_2 r^n \operatorname{sen} n\theta \end{aligned}$$

2 Equações de diferenças lineares

Agora, como a equação é linear, tanto a parte real

$$u_n = B_1 r^n \cos n\theta$$

quanto a parte imaginária

$$v_n = B_2 r^n \operatorname{sen} n\theta$$

são soluções da equação (2.2.1). Logo, pelo princípio da superposição, obtemos a solução geral real:

$$y_n = c_1 u_n + c_2 v_n = r^n(c_1 \cos n\theta + c_2 \operatorname{sen} n\theta); \quad c_1 \text{ e } c_2 \text{ reais} \qquad (2.2.8)$$

Neste caso, a sequência dos pontos y_n é periódica com amplitude igual a r^n e frequência $\dfrac{1}{\theta}$.
Se $r > 1 \Rightarrow y_n$ é crescente.
Se $r < 1 \Rightarrow y_n$ é decrescente.

Exemplo 1 - A equação de diferenças

$$y_{n+2} + y_n = 0 \quad \text{com} \quad y_0 = 0 \text{ e } y_1 = 1 \qquad (2.2.9)$$

tem polinômio característico dado por:

$$\lambda^2 + 1 = 0 \Rightarrow \lambda_1 = i \text{ e } \lambda_2 = -i \quad (a = 0 \text{ e } b = 1)$$

Então,

$$r = \sqrt{a^2 + b^2} = 1 \quad \text{e} \quad \theta = \operatorname{arctg}\frac{b}{a} = \pi/2$$

A solução real da equação (2.2.9) é

$$y_n = c_1 \cos \frac{n\pi}{2} + c_2 \operatorname{sen} \frac{n\pi}{2} \qquad (2.2.10)$$

Usando as condições iniciais, obtemos $c_1 = 0$ e $c_2 = 1$, então

$$y_n = \operatorname{sen} \frac{n\pi}{2} \qquad (2.2.11)$$

é a solução real particular da equação (2.2.9).

Exemplo 2 - A equação de diferenças

2 Equações de diferenças lineares

$$y_{n+2} - 2y_{n+1} + 2y_n = 0 \quad \text{com} \quad y_0 = 0 \text{ e } y_1 = 1 \quad (2.2.12)$$

tem como solução

$$y_n = (\sqrt{2})^n \text{sen}\left(\frac{\pi}{4}n\right) \quad \text{(verifique)}$$

Neste caso, a amplitude $r^n = (\sqrt{2})^n$ é crescente (Figura 2.1) e a frequência é $\theta = \pi/4$.

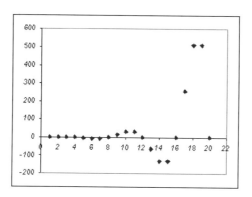

Figura 2.1- A solução é uma sequência divergente

Exemplo 3 - A equação de diferenças

$$y_{n+2} - 2ay_{n+1} + 2a^2 y_n = 0 \quad \text{com} \quad y_0 = 0 \text{ e } y_1 = 1 \text{ e } a > 0. \quad (2.2.13)$$

tem o polinômio característico dado por

$$\lambda^2 - 2a\lambda + 2a^2 = 0$$

cujas raízes são complexas

$$\lambda_1 = \frac{2a + 2ai}{2} = a(1+i) \quad \text{e} \quad \lambda_2 = a(1-i)$$

Então,

$$r = a\sqrt{2} \quad \text{e} \quad \theta = \frac{\pi}{4}$$

A solução real que satisfaz as condições iniciais é

2 Equações de diferenças lineares

$$y_n = (a\sqrt{2})^n \operatorname{sen}\left(\frac{\pi}{4}n\right) \qquad (2.2.14)$$

Agora, como $-1 \leq \operatorname{sen}\left(\frac{\pi}{4}n\right) \leq 1$, então y_n terá oscilações decrescentes quando $r = a\sqrt{2} < 1$.

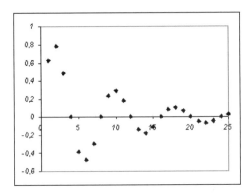

Figura 2.2- A solução $\frac{2}{3}\sqrt{2}^n sen\left(\frac{\pi}{4}n\right)$ é uma sequência convergente

2.3 Sistemas de equações de diferenças lineares

Uma equação linear de segunda ordem

$$y_{n+2} + ay_{n+1} + by_n = 0 \qquad (2.3.1)$$

Pode ser transformada num sistema linear de duas equações de primeira ordem, considerando a mudança de variáveis $z_n = y_{n+1}$:

$$\begin{cases} y_{n+1} = z_n \\ z_{n+1} = -az_n - by_n \end{cases} \qquad (2.3.2)$$

Reciprocamente, um sistema linear de ordem 2

$$\begin{cases} y_{n+1} = a_{11}y_n + a_{12}z_n \\ z_{n+1} = a_{21}y_n + a_{22}z_n \end{cases} \qquad (2.3.3)$$

Pode ser convertido na equação linear de 2ª ordem

$$y_{n+2} - (a_{11} + a_{22})y_{n+1} + (a_{22}a_{11} - a_{12}a_{21})y_n = 0 \qquad (2.3.4)$$

2 Equações de diferenças lineares

A matriz

$$J = \begin{pmatrix} a_{11} & a_{12} \\ a_{21} & a_{22} \end{pmatrix} \quad (2.3.5)$$

é denominada matriz Jacobiana do sistema (2.3.3). Os autovalores desta matriz são valores λ tais que $\det(J - \lambda I) = 0$, onde I é a matriz identidade, ou seja,

$$\det(J - \lambda I) = \begin{vmatrix} a_{11} - \lambda & a_{12} \\ a_{21} & a_{22} - \lambda \end{vmatrix} = 0 \Leftrightarrow$$

$$\lambda^2 - (a_{11} + a_{22})\lambda + (a_{22}a_{11} - a_{12}a_{21}) = 0 \quad (2.3.6)$$

$P(\lambda) = \lambda^2 - (a_{11} + a_{22})\lambda + (a_{22}a_{11} - a_{12}a_{21})$ é o **polinômio característico** de (2.3.4);

- $\alpha = a_{11} + a_{22} = $ *traço* da matriz J
- $\beta = a_{11}a_{22} - a_{12}a_{21} = $ *determinante* de J
- $\alpha^2 - 4\beta = $ *discriminante* de J. [1]

Modelo: Crescimento populacional de escargots

Vamos usar, na dinâmica do crescimento populacional de escargots, 3 estágios distintos: ovos, jovens e adultos, considerando que não há mortalidade em nenhum estágio.

---
[1] Para um desenvolvimento maior da teoria das equações de diferenças e aplicações, veja:
Goldberg, S – *Introduction to Difference Equations*, Dover, New York, 1986 [10].

2 Equações de diferenças lineares

Considerações:

a) Todo escargot adulto desova e o faz a cada 4 meses; seja c a quantidade de ovos viáveis em uma desova então,

$C_n = A_n c$ é a quantidade de ovos viáveis num estágio n, onde A_n é a quantidade de escargots adultos em n.

b) Um escargot jovem torna-se adulto em 8 meses;

– Sejam B_n a quantidade de jovens em cada estágio n; cada estágio n corresponde a 4 meses.

Então:

C_n = (ovos provenientes da desova dos adultos) + (ovos provenientes da desova dos jovens que chegaram à fase adulta) $\Rightarrow$

$$C_n = cA_{n-1} + cB_{n-1} \qquad (2.3.7)$$

A_n = (adultos no estágio $(n-1)$) + (jovens que chegaram à fase adulta)

$$A_n = A_{n-1} + B_{n-1} \qquad (2.3.8)$$

B_n = (ovos do estágio $n-1$) $\Rightarrow$

$$B_n = C_{n-1} \qquad (2.3.9)$$

O sistema

$$\begin{cases} A_n = A_{n-1} + B_{n-1} \\ B_n = C_{n-1} \\ C_n = cA_{n-1} + cB_{n-1} \end{cases} \qquad (2.3.10)$$

com as condições iniciais $A_0 = a; B_0 = C_0 = 0$ pode ser transformado numa equação linear de segunda ordem.

De fato, da segunda equação de 2.3.10 temos $B_{n-1} = C_{n-2}$, e da terceira e primeira equações de 2.3.10 vem $C_n = cA_{n-1} + cB_{n-1} = cA_{n-1} + c(A_n - A_{n-1}) = cA_n$. Logo, $A_n = A_{n-1} + B_{n-1} = A_{n-1} + cC_{n-2} = A_{n-1} + cA_{n-2}$. Assim, obtemos uma única equação de diferenças:

$$\begin{cases} A_{n+1} = A_n + cA_{n-1} \\ A_0 = A_1 = a \end{cases} \qquad (2.3.11)$$

Podemos observar que se $c = 0$, isto é, se não há ovos no sistema, então $A_{n+1} - A_n = 0 \Longrightarrow A_n = A_0$ (constante) para todo $n \geqslant 1$.

2 Equações de diferenças lineares

Se $c \neq 0$, o polinômio característico de 2.3.11 é $P(\lambda) = \lambda^2 - \lambda - c$, cujos autovalores são

$$\lambda_1 = \frac{1 + \sqrt{1+4c}}{2} \Longrightarrow |\lambda_1| > 1$$

$$\lambda_2 = \frac{1 - \sqrt{1+4c}}{2} \Longrightarrow |\lambda_2| = \frac{\sqrt{1+4c}-1}{2} < 1 \Leftrightarrow 0 < c < \frac{3}{4}$$

Logo, a sequência solução geral $\{A_n\}_{n \geqslant 1}$ é dada por

$$A_n = K_1 \lambda_1^n + K_2 \lambda_2^n$$

e a solução particular é determinada com os coeficientes obtidos do sistema:

$$\begin{cases} K_1 + K_2 = a \\ K_1 \lambda_1 + K_2 \lambda_2 = a \end{cases}$$

Como $K_1 > 0$ e $\lambda_1 > 1$ então a sequência $\{A_n\}_{n \geqslant 1}$ é crescente e sem limitação, isto é, $\lim_{n \to \infty} A_n = +\infty$.

Exercício: Considere que a taxa de mortalidade dos adultos seja de 20% em cada estágio n, $n \geq 2$. Como se reflete essa informação na equação 2.3.11 ? Resolva o novo modelo e verifique em que condição sobre o parâmetro c este sistema é estável.

Sugestão: Considere que no estágio $n+1$ há 80% dos adultos que haviam no estágio n.

Curiosidade: Sequência de Fibonacci e retângulos áureos

L.Fibonacci (1170-1250)

Se, na equação 2.3.11, considerarmos $c = 1$ e as condições iniciais forem $A_0 = A_1 =$

2 Equações de diferenças lineares

1, temos uma **equação de Fibonacci**[*2]

$$\begin{cases} A_{n+1} = A_n + A_{n-1} \\ A_0 = A_1 = 1 \end{cases} \quad (2.3.12)$$

onde, cada termo da sequência ($n \geq 2$) é igual à soma dos dois termos anteriores; neste caso, um dos autovalores de 2.3.12 é

$$\lambda_1 = \frac{1 + \sqrt{5}}{2} \quad (2.3.13)$$

denominado **número áureo**.

Curiosamente, se considerarmos a razão dos temos sucessivos de 2.3.12, teremos uma nova sequência que é convergente para o número áureo, isto é,

$$B_n = \frac{A_{n+1}}{A_n} \to \frac{1 + \sqrt{5}}{2}$$

Temos que:
- a sequência $\{B_n\}_{n \geqslant 1}$ é limitada, pois $B_n = \frac{A_{n+1}}{A_n} = \frac{A_n + A_{n-1}}{A_n} = 1 + \frac{A_{n-1}}{A_n} < 2$ desde que $A_{n-1} < A_n$;

Vamos supor que $\{B_n\}_{n \geqslant 1}$ seja convergente e

$$\text{seja} \quad \phi = \lim_{n \to \infty} B_n > 0 \Rightarrow \frac{1}{\phi} = \lim_{n \to \infty} \frac{1}{B_n} = \lim_{n \to \infty} \frac{A_n}{A_{n+1}}$$

Agora, como A_n satisfaz à equação 2.3.12, então

$$\phi = \lim_{n \to \infty} \frac{A_{n+1}}{A_n} = \lim_{n \to \infty} \frac{A_n + A_{n-1}}{A_n} = 1 + \lim_{n \to \infty} \frac{A_{n-1}}{A_n} = 1 + \frac{1}{\phi}$$

Logo, o valor do limite de B_n deve satisfazer à equação

---

[2]Leonardo de Pisa (1175-1250), matemático e comerciante da Idade Média, é considerado um dos matemáticos mais criativos do mundo cristão medieval – conhecido como Fibonacci (filho de Bonacci), publicou em 1202 o livro *Liber Abaci (Livro de Ábacos)*, onde encontra-se o problema que deu origem à sua famosa sequência numérica: "Quantos coelhos haverá em um ano, começando com um só casal, se em cada mês cada casal adulto gera um novo casal, o qual se tornará produtivo em dois meses?"

O livro contém também uma grande quantidade de assuntos relacionados à Aritmética e à Álgebra da época e realizou um papel importante no desenvolvimento matemático na Europa, pois por meio deste livro que os europeus vieram a conhecer os algarismos hindus, também denominados arábicos.

2 Equações de diferenças lineares

$$\phi = 1 + \frac{1}{\phi} \quad \text{ou} \quad \phi^2 = \phi + 1 \implies \phi = \frac{1 \pm \sqrt{5}}{2} \tag{2.3.14}$$

Como $\phi > 0$, então

$$\phi = \frac{1 + \sqrt{5}}{2} = 1,61803...$$

ou seja,

$$\lim_{n \to \infty} \frac{A_{n+1}}{A_n} = \frac{1 + \sqrt{5}}{2} \quad \text{(número áureo)}$$

Observamos que ϕ é a raiz positiva da equação (2.3.14), isto é,

$$\phi^2 = \phi + 1 \iff \phi = 1 + \frac{1}{\phi} \iff \frac{1}{\phi} = \phi - 1$$

O número $\frac{1}{\phi}$ é denominado *seção áurea* [3]

$$\frac{1}{\phi} = \phi - 1 = 1,61803 - 1 = 0,61803...$$

A seção áurea está relacionada com a divisão de um segmento AB, obedecendo à seguinte proporção:

$$\frac{\overline{AB}}{\overline{AC}} = \frac{\overline{AC}}{\overline{CB}} \tag{2.3.15}$$

consideremos $\overline{AB} = medida$ de $(AB) = 1$ (unidade de medida) e
$\overline{AC} = medida$ de $(AC) = x$;
De (2.3.15) temos

$$\frac{1}{x} = \frac{x}{1-x} \implies x^2 = 1 - x$$

Cuja solução positiva é a seção áurea:

$$x = \frac{-1 + \sqrt{5}}{2} = \frac{2}{1 + \sqrt{5}} = \frac{1}{\phi} = 0,61803...$$

Um *retângulo áureo* é aquele cujos lados a, b obedecem à "divina proporção"

---

[3] Acredita-se que foi Kepler (1571-1630) o primeiro a estabelecer a relação entre a sequência de Fibonacci e o número áureo $\phi = \frac{1 + \sqrt{5}}{2}$, analisando o crescimento de determinadas plantas.

2 Equações de diferenças lineares

$$a = \frac{1}{\phi}b \iff b = a\phi. \tag{2.3.16}$$

Para os gregos, o retângulo áureo representava a "lei matemática" da beleza e do equilíbrio e era frequente em sua arquitetura clássica.

Um retângulo áureo tem a propriedade de poder ser subdividido em infinitos retângulos áureos:

Seja R_1 o retângulo de lados $a_1 = \beta\dfrac{1}{\phi}$ e $b_1 = \beta$

Se retirarmos de R_1 o quadrado de lado $\beta\dfrac{1}{\phi}$ obtemos um novo retângulo R_2 de lados $b_2 = \beta\dfrac{1}{\phi}$ e $a_2\beta - \beta\dfrac{1}{\phi} = \beta\left(1 - \dfrac{1}{\phi}\right)$.

Como $1 - \dfrac{1}{\phi} = \dfrac{\phi - 1}{\phi} = \dfrac{\frac{1}{\phi}}{\phi} = \dfrac{1}{\phi^2}$, então

$$\frac{a_2}{b_2} = \frac{\beta\frac{1}{\phi}}{\beta\frac{1}{\phi^2}} = \frac{1}{\phi}$$

Portanto, R_2 também é um retângulo áureo.

E assim, sucessivamente, formamos uma sequência de retângulos áureos R_n de lados $b_n = \dfrac{\beta}{\phi^{n-1}}$ e $a_n = \dfrac{\beta}{\phi^n}$.

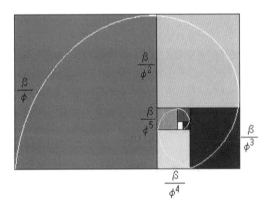

Figura 2.3-Retângulo áureo

A área do retângulo inicial R_1 é conhecida: $A(R_1) = \beta^2\frac{1}{\phi}$. Por outro lado, $A(R_1) = $ soma das áreas de infinitos quadrados distintos, formado pelos lados menores dos

2 Equações de diferenças lineares

sub-retângulos R_n, ou seja,

$$A(R_1) = \beta^2 \frac{1}{\phi^2} + \beta^2 \frac{1}{\phi 4} + \beta^2 \frac{1}{\phi^6} + \dots + \beta^2 \frac{1}{\phi^{2n}} + \dots = \beta^2 \sum_{n=1}^{\infty} \frac{1}{\phi^{2n}}$$

donde se conclui que

$$\sum_{n=1}^{\infty} \frac{1}{\phi^{2n}} = \frac{1}{\phi}$$

Podemos construir uma sequência de Fibonacci $y_n = y(n)$ geral, considerando seus valores iniciais $y_1 = a$ e $y_2 = b$ e satisfazendo, para todo $n \in \mathbb{N}$,

$$y_{n+2} = y_{n+1} + y_n$$

Obteremos então o conjunto de valores:

$$\{a, b, a+b, a+2b, 2a+3b, 3a+5b, 5a+8b, 8a+13b, \dots\}$$

Fica fácil observar que se $x_n = x(n)$ é a sequência usual de Fibonacci, então

$$y_{n+2} = ax_n + bx_{n+1}$$

As diferenças entre as sequências $\{x_n\}$ e $\{y_n\}$ estão relacionadas com a questão da convergência das razões de seus termos gerais pelos respectivos antecedentes, mas o valor ϕ é exatamente o mesmo em qualquer caso.

Exercícios:

1. Mostre que a série geométrica $\sum_{n=0}^{\infty} \frac{1}{\phi^n}$ converge para ϕ^2.

2. Mostre que se R é um retângulo áureo de lados a, b, então o retângulo λR com lados $\lambda a, \lambda b$ é também um retângulo áureo.

3. Seja $\mathcal{P}$ um paralelepípedo de lados α, β, γ. Dizemos que $\mathcal{P}$ é áureo se o retângulo de lados α e β e o retângulo de lados γ e $d = \sqrt{\alpha^2 + \beta^2}$ forem áureos.

Seja R o retângulo áureo de lados α e β. Determine o valor de γ para que o paralelepípedo de lados α, β e γ seja áureo.

4. Seja $\{x_n\}$ uma sequência de Fibonacci. Mostre que:

a)
$$\sum_{j=1}^{n} x_j = x_{n+2} - 1$$

b)
$$\sum_{j=0}^{2n-1} x_{2j+1} = x_{2n}$$

Outros exemplos interessantes e curiosidades sobre a sequência de Fibonacci são encontrados em [7] e [8].

2.4 Estabilidade de equações de diferenças

Um sistema de equações de diferenças linear de 2ª ordem

$$\begin{cases} y_{n+1} = a_{11}y_n + a_{12}z_n \\ z_{n+1} = a_{21}y_n + a_{22}z_n \end{cases}$$

pode ser convertido na equação linear de 2ª ordem

$$y_{n+2} - (a_{11} + a_{22})y_{n+1} + (a_{22}a_{11} - a_{12}a_{21})y_n = 0$$

e sua solução geral é dada por

$$\begin{cases} y_n = A_1\lambda_1^n + B_1\lambda_2^n \\ z_n = A_2\lambda_1^n + B_2\lambda_2^n \end{cases}$$

onde, λ_i (autovalores) são as raízes do polinômio característico

$$P(\lambda) = \lambda^2 - (a_{11} + a_{22})\lambda + (a_{22}a_{11} - a_{12}a_{21}).$$

Um ponto de equilíbrio do sistema linear é o par (y^*, z^*) que satisfaz

$$\begin{cases} y_{n+1} = y_n = y^* \\ z_{n+1} = z_n = z^* \end{cases}$$

Assim, o único ponto de equilíbrio de um sistema linear é o ponto trivial $(y^*, z^*) = (0, 0)$.

O ponto de equilíbrio será estável se, e somente se, tivermos $|\lambda_{1,2}| < 1$.

Salientamos que se o sistema linear é de *ordem m* qualquer, os resultados são análogos aos sistemas de ordem 2.

2 Equações de diferenças lineares

Exemplos: 1) Considere o sistema

$$\begin{cases} y_{n+1} = z_n \\ z_{n+1} = y_n \end{cases} \text{ com a condição inicial } \begin{cases} y_0 = 1 \\ z_0 = 2 \end{cases}$$

Podemos escrever tal sistema como uma única equação linear de 2ª ordem

$$\begin{cases} y_{n+2} = y_n \\ y_0 = 1 \text{ e } y_1 = z_0 = 2 \end{cases}$$

O polinômio característico desta equação é

$$\lambda^2 = 1 \Longrightarrow \lambda = \pm 1$$

A solução geral é dada por

$$y_n = A.1^n + B(-1)^n = \begin{cases} A + B \text{ se } n \text{ é par} \\ A - B \text{ se } n \text{ é impar} \end{cases}$$

A solução particular é obtida fazendo-se uso das condições iniciais:

$$\begin{cases} y_0 = 1 \Longrightarrow A + B = 1 \\ z_0 = 2 = y_1 \Longrightarrow A - B = 2 \end{cases} \Longrightarrow \begin{cases} A = \frac{3}{2} \\ B = -\frac{1}{2} \end{cases}$$

Logo, a solução do problema original é

$$\begin{cases} y_n = 1 \text{ se } n \text{ é par} \\ y_n = 2 \text{ se } n \text{ é impar} \end{cases} \Longrightarrow \begin{cases} z_n = 2 \text{ se } n \text{ é par} \\ z_n = 1 \text{ se } n \text{ é impar} \end{cases}$$

Observamos que, neste caso, temos $|\lambda| = 1$ e a solução é oscilante (periódica).

2) Considere o sistema

$$\begin{cases} y_{n+1} = 2y_n + z_n \\ z_{n+1} = y_n - z_n \end{cases} \text{ com a condição inicial } \begin{cases} y_0 = 0 \\ z_0 = 1 \end{cases}$$

2 Equações de diferenças lineares

Tal sistema linear pode ser dado na forma de uma equação de 2ª ordem

$$\begin{cases} y_{n+2} - y_{n+1} - 3y_n = 0 \\ y_0 = 0 \text{ e } y_1 = 1 \end{cases}$$

O polinômio característico é dado por:

$$\lambda^2 - \lambda - 3 = 0 \implies \lambda_{1,2} = \frac{1 \pm \sqrt{12}}{2} \implies |\lambda_{1,2}| > 1.$$

A solução geral é

$$y_n = A\left[\frac{1+\sqrt{12}}{2}\right]^n + B\left[\frac{1-\sqrt{12}}{2}\right]^n$$

Usando as condições iniciais, obtemos $A = \frac{1}{\sqrt{12}}$ e $B = -\frac{1}{\sqrt{12}}$. Então, a solução particular é

$$y_n = \frac{1}{\sqrt{12}}\left[\frac{1+\sqrt{12}}{2}\right]^n - \frac{1}{\sqrt{12}}\left[\frac{1-\sqrt{12}}{2}\right]^n$$

$$z_n = y_{n+1} - 2y_n$$

Tal solução é composta de duas sequências divergentes.

3) Considere o sistema

$$\begin{cases} y_{n+1} = y_n + 2z_n \\ z_{n+1} = -y_n + z_n \end{cases} \text{ com a condição inicial } \begin{cases} y_0 = 1 \\ z_0 = 0 \end{cases}$$

O polinômio característico do sistema linear é dado por

$$P(\lambda) = \lambda^2 - 2\lambda + 3$$

Cujas raízes são os números complexos $\lambda_1 = 1 + \sqrt{2}i$ e $\lambda_2 = 1 - \sqrt{2}i$.
A solução geral é

$$y_n = A\left(1+\sqrt{2}i\right)^n + B\left(1-\sqrt{2}i\right)^n$$

Considerando agora a condição inicial $y_0 = 1$, obtemos $A + B = 1$. Por outro lado, da primeira equação do sistema, temos

$$y_1 = A\left(1+\sqrt{2}i\right) + B\left(1-\sqrt{2}i\right) = y_0 + 2z_0 = 1$$

2 Equações de diferenças lineares

Portanto, os coeficientes da solução particular são dados pela solução do sistema

$$\begin{cases} A + B = 1 \\ A\left(1 + \sqrt{2}i\right) + B\left(1 - \sqrt{2}i\right) = 1 \end{cases}$$

Ou seja, $A = B = \frac{1}{2}$.

Os valores das sequências $\{y_n\}_{n \in \mathbb{N}}$ e $\{z_n\}_{n \in \mathbb{N}}$ são:

$$\{y_n\}_{n \in \mathbb{N}} = \{1; 1; -1; -7; -11; 31; 65; 37; -121; ...\}$$
$$\{z_n\}_{n \in \mathbb{N}} = \{0; -1; -3; -2; 5; 16; 17; -14; -79; ...\}$$

Neste caso, as sequências $\{y_n\}_{n \in \mathbb{N}}$ e $\{z_n\}_{n \in \mathbb{N}}$ são divergentes, pois $|\lambda_{1,2}| = \sqrt{1 + \left(\pm\sqrt{2}\right)^2} = \sqrt{5} > 1$.

Exercícios: Estude a estabilidade dos sistemas e determine suas soluções particulares com as condições iniciais $y_0 = z_0 = 1$

1)
$$\begin{cases} y_{n+1} = -y_n + z_n \\ z_{n+1} = y_n - 0,5\, z_n \end{cases}$$

2)
$$\begin{cases} y_{n+1} = y_n + 0,5 z_n \\ z_{n+1} = y_n - z_n \end{cases}$$

3)
$$\begin{cases} y_{n+1} = \frac{1}{2}y_n + \frac{2}{3}z_n \\ z_{n+1} = \frac{2}{3}y_n + z_n \end{cases}$$

2.5 Sistema discreto não linear

Um sistema discreto

$$\begin{cases} X_{n+1} = F(X_n) \\ X_n \in \mathbb{R}^m \end{cases} \qquad (2.5.1)$$

é não linear se pelo menos uma das funções componentes de $F = (f_1, f_2, ..., f_m)$ não for linear.

2 Equações de diferenças lineares

Um ponto de equilíbrio $P^* = (x_1^*, x_2^*, ..., x_m^*)$ de 2.5.1 é um ponto fixo de F, isto é,

$$X_{n+1} = F(X_n) = X^* \tag{2.5.2}$$

O tratamento do processo de estabilidade de modelos discretos não lineares é equivalente ao estudo dos sistemas de equações diferenciais autônomos não lineares: considera-se um sistema linear associado e verifica-se os módulos de seus autovalores. Para o interesse imediato desse texto, vamos analisar somente um exemplo de um sistema não linear de primeira ordem: **equação logística discreta** (veja 4.6.4):

$$x_{n+1} = f(x_n) = rx_n(k - x_n) \text{ com } r > 0 \tag{2.5.3}$$

Os pontos de equilíbrio de 2.5.3 são dados pelos pontos fixos de f, ou seja,

$$f(x^*) = x^* = rx^*(k - x^*)$$

Logo,

$$rx^{*2} - x^*(rk - 1) = 0 \Leftrightarrow x^*[rx^* - (rk - 1)] = 0$$

Dessa forma, obtemos os pontos de equilíbrio:

$$x_1^* = 0 \text{ e } x_2^* = \frac{rk - 1}{r} = k - \frac{1}{r}$$

Do ponto de vista analítico, a estabilidade de um ponto de equilíbrio x^* pode ser determinada pelo valor do módulo do autovalor λ do sistema linear associado:

$$\lambda = \left[\frac{df(x_n)}{dx_n}\right]_{x_n = x^*}$$

λ é o coeficiente angular da reta tangente à curva $x_{n+1} = f(x_n)$ no ponto x^* e,

a) Se $0 < |\lambda| < 1$, x^* é *localmente assintoticamente estável*, isto é, se x_n está "próximo" de x^*, então $x_n \to x^*$ (x_n converge para x^*). Ainda, se $0 < \lambda < 1$, então a convergência é monótona; se $-1 < \lambda < 0$, a convergência é oscilatória;

b) Se $|\lambda| > 1$, o ponto de equilíbrio x^* é *instável* (repulsor);

c) Se $|\lambda| = 1$, o ponto de equilíbrio é neutramente estável, ou simplesmente *estável*. Neste caso, a sequência x_n, a partir de algum n, oscila em torno do ponto x^*, que é denominado *centro de um ciclo limite* [6].

2 Equações de diferenças lineares

No caso da equação logística 2.5.3 os autovalores são dados por

$$\left[\frac{df(x_n)}{dx_n}\right]_{x_n=x^*} = [rk - 2rx_n]_{x_n=x^*}$$

○ Para $x_1^* = 0$ temos $\lambda_1 = rk$;
○ Para $x_2^* = k - \frac{1}{r}$, $\lambda_2 = 2 - rk$.
Então,
-Se $|rk| < 1 \iff 0 < rk < 1$, o ponto de equilíbrio trivial $x_1^* = 0$ é assintoticamente estável.

-Se $|2 - rk| < 1 \iff 1 < rk < 3$, o ponto de equilíbrio $x_2^* = k - \frac{1}{r}$ é assintoticamente estável.

-Se $rk = 1$, os autovalores são iguais $\lambda_1 = \lambda_2 = 1$ e há somente um ponto de equilíbrio $x_1^* = x_2^* = 0$, que é o centro de um ciclo limite.

-Se $rk = 3$ temos $\lambda_2 = -1$ e, neste caso, aparecem oscilações de período 2, isto é, satisfazem o sistema

$$\begin{cases} x_{n+1} = f(x_n) \\ x_{n+2} = x_n \end{cases}$$

ou seja,

$$x_{n+2} = f(x_{n+1}) = f(f(x_n)) = x_n$$

e x_2^* é um ponto fixo da função composta $f \circ f = f^2$:

$$x_2^* = f(f(x_2^*))$$

Exemplo: Em 4.6.4 obtivemos uma equação logística discreta

$$x_{n+1} = f(x_n) = -0,0008x_n^2 + 1,54x_n$$

Para o ponto de equilíbrio $x_1^* = 0$, o autovalor λ_1 é dado por

$$\lambda_1 = \left[\frac{d\left[-0,0008x_n^2 + 1,54x_n\right]}{dx_n}\right]_{x_n=0} = 1,54 > 1$$

Logo, $x^* = 0$ é instável.

Para o ponto $x_2^* = 675$,

2 Equações de diferenças lineares

$$\lambda_2 = \left[\frac{df(x_n)}{dx_n}\right]_{x_n=x^*} = \left[\frac{d\left[-0,0008x_n^2 + 1,54x_n\right]}{dx_n}\right]_{x_n=675}$$

$$= -0,0016x_n + 1,54]_{x_n=675} = 0,46$$

Logo, $0 < \lambda_2 < 1$ e, portanto, o ponto $x^* = 675$ é assintoticamente estável (Figura 2.4).

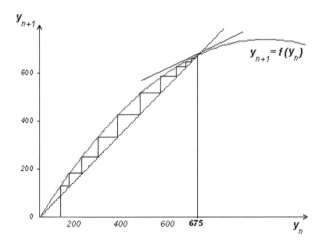

Figura 2.4 - Convergência assintótica

Os modelos discretos passaram a desempenhar um papel importante em Biomatemática a partir dos trabalhos desenvolvidos por Robert M. May, em 1975, que os utilizou para estudar a dinâmica de populações de insetos cujas gerações são periódicas [17].

Exercício: Faça um estudo completo do modelo discreto de May

$$P_{n+1} = P_n \exp\left[r(1 - \frac{P_n}{k})\right]$$

3 Equações diferenciais

Pôr do sol em Fernando de Noronha.

As equações de diferenças utilizam variações discretas e podem ser resolvidas por meio de processos indutivos ou utilizando programas computacionais elementares, sendo bastante adequadas para modelagem no ensino médio. As equações diferenciais constituem um tópico vastíssimo na Matemática que pode ser abordado de maneiras diversas, dependendo do objetivo proposto. No caso específico deste capítulo, que pretende ser bastante simples, daremos apenas alguns enfoques preliminares deste assunto, além de alguns modelos clássicos. Aqui, nosso objetivo principal é considerar situações que podem ser modeladas tanto por equações de diferenças como por equações diferenciais, bastando trocar as formulações variacionais.

Um problema real não pode ser representado de maneira exata em toda a sua complexidade por uma equação matemática ou um sistema de equações. Um modelo deve ser considerado apenas como um retrato ou uma simulação de um fenômeno

3 Equações diferenciais

e sua validação depende muito da escolha das variáveis e das hipóteses formuladas. Em se tratando de modelar um fenômeno ou um experimento, é muito frequente obtermos equações para descrever as "variações" das quantidades (variáveis de estado) presentes e consideradas essenciais. Dessa forma, as leis que regem tal fenômeno são traduzidas por equações de variações. Quando essas variações são instantâneas, a dinâmica do fenômeno se desenvolve continuamente e as equações matemáticas são denominadas equações diferenciais.

Dois teoremas básicos do cálculo estão ligados à solução da equação diferencial mais simples

$$\frac{dy}{dx} = f(x) \tag{3.0.1}$$

A solução ou função incógnita $y(x)$ de 3.0.1, uma vez conhecida a sua derivada $f(x)$, é obtida via **Teorema Fundamental do Cálculo**

$$y(x) = \int_0^x f(z)dz. \tag{3.0.2}$$

O Teorema do Valor Médio assegura que todas as soluções podem ser escritas na forma

$$y(x) = C + \int_0^x f(z)dz \tag{3.0.3}$$

De uma maneira geral, podemos dizer que temos uma equação diferencial (ou um sistema de equações diferenciais) se na equação (ou em cada equação do sistema) estão envolvidas funções incógnitas e suas derivadas.

Uma equação diferencial é dita *ordinária* (EDO) se a função incógnita depender apenas de uma variável. Se depender de mais de uma variável, será denominada *equação diferencial parcial*.

A *ordem* de uma equação diferencial é indicada pela maior ordem de derivação que aparece na equação. Uma EDO de ordem n tem como expressão geral (forma normal):

$$\frac{d^n y}{dx^n} = f(x, y, \frac{dy}{dx}, ..., \frac{d^{n-1} y}{dx^{n-1}}) \tag{3.0.4}$$

A *solução* de uma EDO, no intervalo $I = (a, b)$, é uma função $y = \varphi(x)$ que, juntamente com suas derivadas, satisfaz a equação 3.0.4. Assim, resolver uma EDO 3.0.4, é encontrar uma função $y = \varphi(x)$, definida e derivável até a ordem n no intervalo I, que satisfaz a equação 3.0.4.

3 Equações diferenciais

Solução geral de uma EDO é o conjunto de todas as suas soluções. Nas aplicações, geralmente estamos interessados em soluções particulares que satisfaçam uma dada *condição inicial*, ou condições complementares. [1].

3.1 Equação geral de primeira ordem

Uma equação diferencial ordinária de primeira ordem na forma normal é

$$\frac{dy}{dx} = f(x,y) \qquad (3.1.1)$$

onde f é uma função definida num aberto A de $\mathbb{R}^2$ com valores em $\mathbb{R}$. A solução de 3.1.1 é uma função $y = \varphi(x)$ com $x \in (a,b)$, derivável e satisfazendo:

(1) $(x, \varphi(x)) \in A$
(2) $\frac{d\varphi}{dx} = f(x, \varphi(x))$

A equação 3.1.1 estabelece uma relação entre as coordenadas de um ponto e o coeficiente angular da reta tangente ao gráfico da solução, em cada ponto. Portanto, uma equação deste tipo define um *campo de direções*, ou de inclinações. As soluções de 3.1.1 são chamadas *curvas integrais* e têm a propriedade que a direção das retas tangentes, em cada ponto, coincide com a direção pré-estabelecida do campo naquele ponto. O lugar geométrico dos pontos onde cada tangente à curva integral preserva uma direção constante são linhas chamadas *isóclinas*.

Obtemos a equação de uma isóclina considerando

$$\frac{dy}{dx} = f(x,y) = k$$

onde, k é uma constante (inclinação da tangente).

Exemplo: Dada a equação

$$\frac{dy}{dx} = y - x^2$$

---

[1] O material utilizado nesta seção faz parte de um texto que escrevemos para o curso BC&T da UFABC (2011) e que é disponibilizado gratuitamente aos alunos daquela universidade [16]. Aos leitores interessados em se aprofundar mais no assunto, sugerimos buscar aquele texto.

3 Equações diferenciais

o campo de direções é obtido, considerando-se as isóclinas

$$y - x^2 = k$$

que, neste caso, são parábolas. Agora, para cada valor de k temos $\frac{dy}{dx} = k$ em cada ponto da isóclina, e desta forma, obtemos o campo de direções (Figura 3.1)

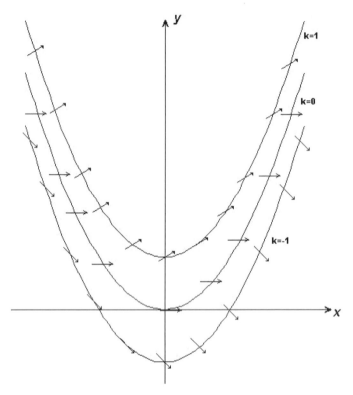

Figura 3.1 - Campo de direções da equação diferencial do exemplo

Exemplo: O campo de direções da equação

$$\frac{dy}{dx} = \frac{y}{x} \quad (x \neq 0)$$

pode ser observado na Figura 3.2

3 Equações diferenciais

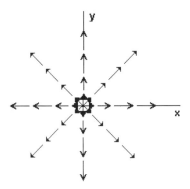

Figura 3.2 - Campo de direções

Observe que as isóclinas são as retas $y = kx$ ($k \neq 0$ constante).

Em cada ponto $(x,y) \in \mathbb{R}^2$ com $x \neq 0$, o coeficiente angular da reta tangente à curva integral é igual a $\frac{y}{x}$, coincidindo com o mesmo valor do coeficiente angular da reta isóclina que sai da origem e passa pelo ponto (x,y). Nesse caso, as curvas integrais são da forma $Y(x) = Cx, C \neq 0$, uma vez que essas retas coincidem em toda parte com a direção do campo.

Exercício: Determine o campo de direções e isóclinas da equação diferencial:

$$\frac{dy}{dx} = -\frac{x}{y} \; (y \neq 0)$$

3.2 Problema de valor inicial

Os campos de direções, além de contribuírem para um melhor entendimento das equações diferenciais, também constituem um método gráfico para conhecer suas soluções aproximadas. Além desse método gráfico-geométrico, dispomos dos Teoremas de Existência e Unicidade de soluções para problemas de valor inicial (T.E.U.), também conhecidos por problema de Cauchy:

$$\begin{cases} \frac{dy}{dx} = f(x,y) \\ y(x_0) = y_0 \end{cases} \qquad (3.2.1)$$

Em geral, esses teoremas se referem à existência e à unicidade de soluções locais para o problema de Cauchy, isto é, soluções definidas em alguma vizinhança do ponto

3 Equações diferenciais

x_0, isto é, num intervalo $(x_0 - \delta, x_0 + \delta) \subset \mathbb{R}$.

Teorema 1. *Teorema de Existência e Unicidade de Solução para o Problema de Cauchy.*

Suponha que em 3.2.1 temos:

1) $f(x,y)$ seja uma função contínua em um disco aberto D, de raio r, centrado no ponto (x_0, y_0),

$$D = \left\{(x,y) : (x - x_0)^2 + (y - y_0)^2 < r\right\}$$

2) $\frac{\partial f(x,y)}{\partial y} = g(x,y)$ exista e seja contínua em D.

Então, existe uma função $y = \varphi(x)$ definida num intervalo $(x_0 - \delta, x_0 + \delta)$ que satisfaz o problema de Cauchy 3.2.1. Ainda mais se $y = \psi(x)$ é outra solução de 3.2.1 no intervalo $(x_0 - \varepsilon, x_0 + \varepsilon)$, então $\varphi(x) = \psi(x)$ no intervalo $(x_0 - \delta, x_0 + \delta) \cap (x_0 - \varepsilon, x_0 + \varepsilon)$. Portanto, só existe uma única solução local para o problema de Cauchy.

Observação: Para a existência de solução basta a primeira hipótese.

Lembramos que o ponto (x_0, y_0) é denominado *valor inicial da solução* e $\varphi(x_0) = y_0$ é a *condição inicial da solução*.

3.3 Equação diferencial fundamental

Dada uma função $y = f(x)$, podemos definir uma nova função $z = A(x)$, que representa a área sob o gráfico de $f(x)$ num intervalo $[x_0, x]$, onde o extremo inferior x_0 é fixo. O que Newton (1642-1727) percebeu resume-se em : *A variação da função área $A(x)$ com relação ao ponto x é igual, em cada ponto $x = x^*$, ao valor da função original neste ponto. Mas isso significa que $A(x)$ é a antiderivada de $f(x)$.* Isso constitui o que se convencionou chamar de Teorema Fundamental do Cálculo.

$$\left[\frac{dA}{dx}\right]_{x=x^*} = f(x^*) \iff A(x) = \int_a^x f(x)dx$$

3 Equações diferenciais

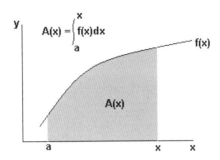

Figura 3.3 - Esboço do Teorema Fundamental do Cálculo

A equação diferencial mais simples é exatamente o problema fundamental do Cálculo Diferencial e Integral e consiste no seguinte: dada uma função contínua $f(x)$ definida no intervalo (a,b), determinar todas as funções deriváveis $y(x)$, definidas em (a,b), tais que

$$\frac{dy}{dx} = f(x) \tag{3.3.1}$$

Este problema pode ser facilmente resolvido considerando que

$$\frac{dy}{dx} = f(x) \Longleftrightarrow y(x) = \int_{x_0}^{x} f(x)dx + C \tag{3.3.2}$$

Assim, a solução geral consiste de infinitas soluções "paralelas". Observe, entretanto, que se quisermos uma solução $y = \varphi(x)$ que satisfaça a condição inicial $\varphi(x_0) = y_0$, basta considerar $C = \varphi(x_0)$.

Observamos que se a função $f(x)$ é definida e contínua no intervalo (a,b), então satisfaz às condições do T.E.U., pois, neste caso, $\frac{\partial f}{\partial y} = 0$.

Exemplo: Resolva o problema de valor inicial

$$\begin{cases} \frac{dy}{dx} = \cos x \\ y(0) = 2 \end{cases}$$

Temos que a solução geral é determinada por uma simples integração:

$$\frac{dy}{dx} = \cos x \Longleftrightarrow dy = \cos x\, dx \Longleftrightarrow y(x) = \int \cos x\, dx = sen\, x + C$$

3 Equações diferenciais

Agora, usando a condição inicial, vem:

$$y(0) = 2 \iff 2 = \cos(0) + C \implies C = 1$$

Assim, a solução particular, que passa pelo ponto $(0, 2)$ é $y = \varphi(x) = \sin x + 1$

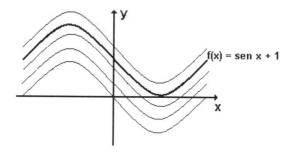

Figura 3.4 - Soluções da equação diferencial

3.4 Equações diferenciais autônomas

Uma equação diferencial do tipo

$$\frac{dy}{dx} = f(y) \qquad (3.4.1)$$

onde a variável independente não comparece na definição do campo de direções, é dita *autônoma*.

Utilizando a manipulação formal introduzida por Liebnitz (1646-1716), podemos escrever a equação 3.4.1 na forma

$$\frac{dx}{dy} = \frac{1}{f(y)} \qquad (3.4.2)$$

cuja resolução é obtida, como na seção anterior, isto é,

$$x(y) = x(y_0) + \int_{y_0}^{y} \frac{1}{f(y)} dy \qquad (3.4.3)$$

Para justificar a equação 3.4.3, necessitamos que $\frac{1}{f(y)}$ seja bem definida no intervalo de interesse A, onde $f(y) \neq 0$ e que seja contínua neste intervalo A. Pois, como $\frac{dx}{dy} =$

3 Equações diferenciais

$\frac{1}{f(y)} \neq 0$ em A, o *Teorema da Função Inversa* garante que existe uma função inversa da função $x(y)$, isto é, $y = F(x)$ tal que $\frac{dF}{dx} = f(y)$ em A, o que justifica o procedimento formal.

Portanto, a solução do problema de condição inicial

$$\begin{cases} \frac{dy}{dx} = f(y) \\ y(x_0) = y_0 \end{cases} \quad (3.4.4)$$

é obtida pela solução do problema

$$\begin{cases} \frac{dx}{dy} = \frac{1}{f(y)} \\ x(y_0) = x_0 \end{cases} \quad (3.4.5)$$

e com a inversão da função $x(y)$.

Com as hipóteses de que $f(y)$ é contínua e não se anula em A e que $y_0 \in A$, concluímos que o problema 4.5.1 tem solução, e é única em A (T.E.U.).

Observamos que o intervalo A não pode incluir pontos onde $f(y)$ se anula. Os pontos y^* onde $f(y^*) = 0$ são denominados *pontos estacionários*. O problema 4.5.1 com condição inicial $y(x_0) = y^*$ tem como solução $y = \varphi(x) = y^*$ (constante), denominada *solução de equilíbrio*.

As equações autônomas aparecem na formulação de uma grande quantidade de modelos. Sempre que uma lei de formação afirma que *"a taxa de variação de uma quantidade $y(t)$ é proporcional a esta mesma quantidade"*, temos uma equação autônoma da forma

$$\frac{dy}{dx} = ky \quad (3.4.6)$$

Como $f(y) = ky$, então $f(y^*) = 0$ se $y^* = 0$. Assim, $y = y^*$ é a solução de equilíbrio de 4.3.1. Agora, de acordo com os argumentos anteriores, devemos procurar soluções separadamente nos dois intervalos $-\infty < y < 0$ e $0 < y < +\infty$.

Consideramos inicialmente o problema de Cauchy

$$\begin{cases} \frac{dy}{dx} = ky \\ y(x_0) = y_0 \neq 0 \end{cases} \quad (3.4.7)$$

e seu problema inverso $\Longrightarrow$

$$\begin{cases} \frac{dx}{dy} = \frac{1}{ky} \\ x(y_0) = x_0 \end{cases} \quad (3.4.8)$$

3 Equações diferenciais

cuja solução é dada por

$$x(y) = \left[\int \frac{1}{ky} dy + C\right]_{x(y_0)=x_0} = x_0 + \int_{y_0}^{y} \frac{1}{ky} dy = x_0 + \frac{1}{k}\left[|\ln y| - |\ln y_0|\right] = x_0 + \frac{1}{k}\ln\left|\frac{y}{y_0}\right|$$

ou seja,

$$\ln\left|\frac{y}{y_0}\right| = k(x - x_0) \Longleftrightarrow y = |y_0| e^{k(x-x_0)} \text{ para } x \in \mathbb{R}$$

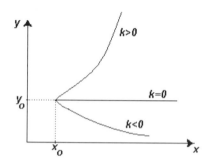

Figura 3.5 - Soluções de 3.4.7

Exemplo: Considere a equação autônoma

$$\frac{dy}{dx} = ky + a$$

Sua solução geral, para $y \neq -\frac{a}{k}$, é obtida considerando-se sua forma diferencial

$$\frac{1}{ky+a} dy = dx \Longleftrightarrow \int \frac{1}{ky+a} dy = \int dx \Longrightarrow x = \frac{1}{k}\ln|ky+a| + C$$

Portanto,

$$ky + a = e^{k(x-C)} \Longrightarrow y = \frac{1}{k}\left[-a + e^{k(x-C)}\right], \ y \neq -\frac{a}{k}$$

Nesse caso, $y \neq -\frac{a}{k}$ é a solução de equilíbrio.

Exemplo: Encontre todas as soluções da EDO autônoma

$$\frac{dy}{dx} = f(y) = \frac{y^2 - 1}{2} \qquad (3.4.9)$$

A função $f(y) = \frac{y^2-1}{2}$ é contínua em todo $\mathbb{R}$ assim como $\frac{df}{dy} = y$. Logo, pelo T.E.U.

3 Equações diferenciais

sabemos que, dado um ponto qualquer $(x_0, y_0) \in \mathbb{R}^2$, existirá sempre uma solução única $y = \varphi(x)$ de 3.4.9, satisfazendo $y_0 = \varphi(x_0)$.

Como $f(y) = \frac{y^2-1}{2} = 0 \iff y = 1$ ou $y = -1$, então as funções constantes $\varphi(x) = 1$ e $\varphi(x) = -1$ são soluções de equilíbrio de 3.4.9.

Agora, para $y \neq \pm 1$, podemos escrever 3.4.9 na forma diferencial

$$\frac{dy}{y^2-1} = \frac{dx}{2} \qquad (3.4.10)$$

Integrando membro a membro a equação 3.4.10, obtemos as soluções de 3.4.9 na forma implícita

$$\ln\left|\frac{y-1}{y+1}\right| = x + C \quad \text{(C é uma constante arbitrária)}$$

ou seja,

$$\left|\frac{y-1}{y+1}\right| = Ke^x \text{ onde, } K = e^C \qquad (3.4.11)$$

Para explicitar as soluções, devemos considerar as três regiões do plano separadas pelas soluções de equilíbrio:

$$\begin{aligned} R_1 &= \left\{(x,y) \in \mathbb{R}^2 : y > 1\right\} \\ R_2 &= \left\{(x,y) \in \mathbb{R}^2 : -1 < y < 1\right\} \\ R_3 &= \left\{(x,y) \in \mathbb{R}^2 : y < -11\right\} \end{aligned}$$

a) Em R_1, temos que $\left|\frac{y-1}{y+1}\right| = \frac{y-1}{y+1}$. Logo,

$$\frac{y-1}{y+1} = Ke^x$$

Resolvendo para y temos:

$$y = \varphi(x) = \frac{Ke^x + 1}{1 - Ke^x} \qquad (3.4.12)$$

Observamos que $\varphi(x)$ converge para 1 quando $x \to -\infty$, isto é,

$$\lim_{x \to -\infty} \frac{Ke^x + 1}{1 - Ke^x} = 1$$

3 Equações diferenciais

Ainda,
$$\lim_{x \to \ln \frac{1}{K}^-} \frac{Ke^x + 1}{1 - Ke^x} = +\infty$$

b) Em R_2, temos $\left|\frac{y-1}{y+1}\right| = -\frac{y-1}{y+1} \implies Ke^x = \frac{1-y}{y+1}$. Logo,

$$y = \varphi(x) = \frac{1 - Ke^x}{Ke^x + 1}$$

Nesse caso, temos

$$\lim_{x \to -\infty} \frac{1 - Ke^x}{Ke^x + 1} = 1 \text{ e } \lim_{x \to +\infty} \frac{1 - Ke^x}{Ke^x + 1} = -1$$

c) Em R_3, é como no caso a) :

$$y = \varphi(x) = \frac{Ke^x + 1}{1 - Ke^x}$$

e os limites são dados por:

$$\lim_{x \to +\infty} \frac{Ke^x + 1}{1 - Ke^x} = -1 \text{ e } \lim_{x \to \ln \frac{1}{K}^+} \frac{Ke^x + 1}{1 - Ke^x} = -\infty$$

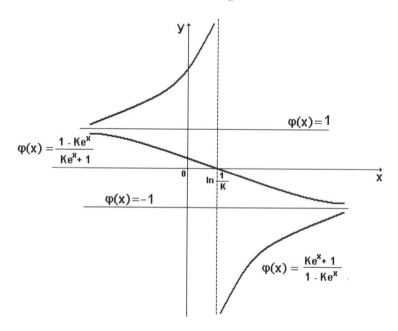

3 Equações diferenciais

Figura 3.6 - Soluções da equação autônoma.

Exercícios: 1. Estude a equação diferencial

$$\frac{dy}{dx} = \frac{2}{x^2 - 4}$$

2. (Desintegração radioativa): Seja $m = m(t)$ a massa do material radioativo, no instante t. Esse material se desintegra proporcionalmente à sua massa em cada instante.

a) Sabendo-se que a vida média de um determinado material radioativo é de 6.000 anos, determine depois de quanto tempo sua massa será $\frac{1}{5}$ da massa inicial.

b) Se 100 miligramas de tório[234] são reduzidos a 97,21 miligramas em cada dia, calcule a taxa de desintegração deste material e sua vida média.

3. Estude a equação autônoma

$$\frac{dy}{dx} = \frac{y-2}{y^2}$$

4. Resolva os problemas de Cauchy

$$\left\{ \frac{dy}{dx} = y(1-y) \right.$$

para
   a) $y(0) = 0, 2$;
   b) $y(0) = 1, 2$.

3.5 Modelos matemáticos com equações diferenciais de primeira ordem

Antes de prosseguirmos com novos tipos de equação diferencial e seus métodos de resolução, vamos apresentar algumas aplicações relevantes do que já vimos.

Modelo 1 - Absorção de drogas Um problema fundamental em farmacologia é saber como uma droga se concentra no sangue de um paciente. O conhecimento desse fato permite estabelecer a dosagem a ser ministrada e o intervalo de tempo de cada aplicação. O modelo mais simples é obtido quando supomos que a taxa de variação

3 Equações diferenciais

da concentração é proporcional à concentração existente na corrente sanguínea em cada instante. Em termos matemáticos, se $C = C(t)$ é a concentração de droga no sangue, então seu decaimento é dado por:

$$\frac{dC}{dt} = -kC \qquad (3.5.1)$$

onde $k > 0$ é uma constante determinada experimentalmente e depende do medicamento utilizado.

Suponhamos que seja ministrada uma dose inicial igual a C_0, absorvida pelo sangue instantaneamente. Salientamos que o tempo de absorção da droga é geralmente muito pequeno se comparado com o tempo entre as aplicações das doses.

A solução de 3.5.1 é dada por:

$$C(t) = C_0 e^{-kt}$$

Suponhamos que depois de um tempo T uma segunda dose, de mesma quantidade C_0, seja administrada. Teremos então,

$C(t) = C_0 e^{-kt}$ se $0 \le t < T$

$C(T_-) = C_0 e^{-kT}$: quantidade de droga no sangue imediatamente antes da 2ª dose

$C(T_+) = C_0 e^{-kT} + C_0$: quantidade de droga no sangue imediatamente depois da 2ª dose

Assim, $C(T_+)$ passa a ser a concentração (inicial) de droga que começa a decair após o tempo T. Portanto, para $T \le t$, teremos:

$$C(t) = \left[C_0 e^{-kT} + C_0\right] e^{-k(t-T)} = C_0(1 + e^{-kT}) e^{-k(t-T)} \text{ para } T \le t < 2T$$

Ao continuar o tratamento, administrando outra dose de concentração C_0 no instante $2T$, teremos:

$$\begin{aligned} C(2T_-) &= C_0(1 + e^{-kT}) e^{-kT} \\ C(2T_+) &= C_0(1 + e^{-kT}) e^{-kT} + C_0 = C_0(1 + e^{-kT} + e^{-2kT}) \\ C(t) &= C_0(1 + e^{-kT} + e^{-2kT}) e^{-k(t-2T)} \text{ se } 2T \le t \end{aligned}$$

3 Equações diferenciais

Depois da enésima aplicação, a quantidade de droga no sangue será

$$C(nT_+) = C_0(1+e^{-kT})e^{-kT} + C_0 = C_0(1+e^{-kT}+e^{-2kT}+...+e^{-nkT}) \quad (3.5.2)$$
$$C(t) = C_0(1+e^{-kT}+e^{-2kT}+...+e^{-nkT})e^{-k(t-nT)} \text{ se } nT \le t$$

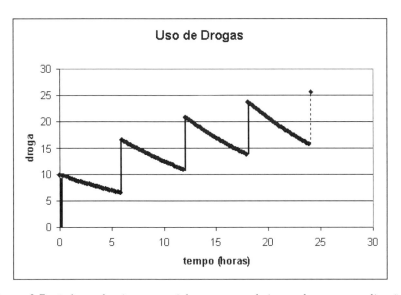

Figura 3.7 - A droga decai exponencialmente em cada intervalo entre as aplicações.

As expressões em 3.5.2 estabelecem as concentrações de droga administrada periodicamente. Observamos que a expressão

$$(1+e^{-kT}+e^{-2kT}+...+e^{-nkT})$$

é a soma de uma progressão geométrica de $(n+1)$ termos, com o primeiro termo igual a 1 e a razão igual a e^{-kT}. Logo, podemos escrever

$$C(nT_+) = C_0 \frac{1-e^{-(n+1)kT}}{1-e^{-kT}}$$

Dessa forma, se o tratamento for por tempo ilimitado, ou seja, com n muito grande, podemos estabelecer o *nível de saturação* da droga

$$C_s = \lim_{n\to\infty} C_0 \frac{1-e^{-(n+1)kT}}{1-e^{-kT}} = \frac{C_0}{1-e^{-kT}} \quad (3.5.3)$$

3 Equações diferenciais

Exercícios: (a) Conhecidos os valores de C_0 e de C_s, determine o intervalo de aplicação T.

(b) Calcule a dosagem C_0 quando são conhecidos C_s e T;

(c) Se a um paciente é dada uma dose inicial igual a C_s e, depois de um tempo T é administrada uma dose de concentração C^*, de modo que a concentração retorna ao nível inicial, mostre que para este tratamento periódico é necessário que

$$C^* = C_s(1 - e^{-kT}) = C_0$$

(d) Se a primeira dose é C_0, a segunda é $\frac{C_0}{2}$, a enésima é $\frac{C_0}{n}$, então como devem ser os intervalos de tempo de administração da droga para que se atinja o mesmo nível de saturação com dosagens iguais?

Modelo 4 - Dinâmica Populacional: Modelo Malthusiano Seja P o número de indivíduos em uma população animal ou vegetal. Esse número é dependente do tempo, e assim podemos escrever

$$\frac{dP}{dt} = F(t) \qquad (3.5.4)$$

Na realidade, $P(t)$ assume somente valores inteiros sendo, pois, uma função discreta de t. Entretanto, quando o número de indivíduos é suficientemente grande, $P(t)$ pode ser aproximado por uma função contínua, variando continuamente no tempo.

Admitimos que a proporção de indivíduos reprodutores permanece constante durante o crescimento da população. Admitimos também que as taxas de fertilidade n e de mortalidade m sejam constantes. Essas hipóteses são realísticas em uma população grande que varia em condições ideais, isto é, quando todos os fatores inibidores do crescimento estão ausentes (a espécie tem recursos ilimitados e não interage com competidores ou predadores).

Temos que $\alpha = n - m$ (coeficiente de natalidade menos o de mortalidade) é a *taxa de crescimento específico* da população $P(t)$, aqui considerada constante. Assim,

$$\frac{P(t+1) - P(t)}{P(t)} = n - m = \alpha. \qquad (3.5.5)$$

Essa formulação matemática indica que a *variação relativa* da população é constante, ou, em outras palavras, que a *variação da população é proporcional à própria população em cada período de tempo*.

O modelo discreto (tempo discreto) de Malthus é dado por

3 Equações diferenciais

$$P(t+1) - P(t) = \alpha P(t). \quad (3.5.6)$$

Considerando a população inicial $P(0) = P_0$, a solução de (3.5.6) é obtida por recorrência da expressão:

$$\begin{cases} P_{t+1} = (1 + \alpha)P_t \\ P(0) = P_0 \end{cases} \quad (3.5.7)$$

ou seja,

$$P_t = (\alpha + 1)^t P_0 \qquad \text{(cf. parágrafo 2.4)} \quad (3.5.8)$$

Assim, dados dois censos P_0 e P_t, a taxa de crescimento demográfico em t anos é obtida de (3.5.8), fazendo

$$(\alpha + 1)^t = P_t/P_0 \quad \Rightarrow \quad \alpha = \sqrt[t]{\frac{P_t}{P_0}} - 1 \quad (3.5.9)$$

Por exemplo, se a população do Brasil de 1940 era $P_0 = 41.236.351$ e, dez anos depois, $P_{10} = 51.944.397$, então a taxa de crescimento populacional média (relativa), entre 1940 e 1950, foi de:

$$\alpha = \sqrt[10]{\frac{51944397}{41236351}} - 1 = 1{,}0233539 - 1 = 0{,}0233539$$

ou, aproximadamente, 2,3% ao ano.

Se consideramos as populações entre os censos de 1940 e 1991, quando a população era de 146.825.475 habitantes, α é dada por

$$\alpha = \sqrt[51]{\frac{146825475}{41236351}} - 1 = 0{,}0252131,$$ o que nos permite afirmar que a população brasileira cresceu a uma taxa média de, aproximadamente, 2,5% ao ano nesses 51 anos.

Lembrando que $P_t = (1 + \alpha)^t P_0$ pode ser escrito na forma exponencial

$$P_t = P_0 e^{\ln(1+\alpha)t} \quad (3.5.10)$$

Podemos comparar a solução do Modelo de Malthus discreto (3.5.7) com a solução do modelo contínuo correspondente, considerando que

$$\frac{dP}{dt} = \lim_{\Delta t \to 0} \frac{P(t + \Delta t) - P(t)}{\Delta t}$$

3 Equações diferenciais

e que $P(t + \Delta t) - P(t) = \beta P(t)\Delta t$ (modelo discreto).

Assim, podemos escrever o modelo contínuo por:

$$\begin{cases} \dfrac{dP}{dt} = \beta P(t) \\ P(0) = P_0 \end{cases} \quad (3.5.11)$$

cuja solução é dada por

$$P(t) = P_0 e^{\beta t}$$

Portanto, os modelos discreto (com taxa α) e contínuo (com taxa β) fornecem a *mesma solução* quando

$\beta = \ln(1 + \alpha)$.

Se considerarmos o modelo malthusiano para projetar a população brasileira, teremos

$\alpha = 0,0252131$ para o modelo discreto e $\beta = 0,0249$ para o contínuo.

A equação

$$P(t) = 41,236 e^{0,0249 t} \quad (3.5.12)$$

fornece a população (em milhões de habitantes) em cada ano t.

Exercício 1

a) Resolva a equação diferencial

$$\frac{dx}{dt} = 3x - 1 \quad (3.5.13)$$

b) Encontre uma equação de diferenças que seja compatível com a EDO anterior.

c) Procure um fenômeno que pode ser modelado pelas equações anteriores.

Exercício 2

Use o mesmo procedimento do exercício anterior para o sistema linear

$$\begin{cases} \dfrac{dx}{dt} = 3x - y \\ \dfrac{dy}{dt} = x + y \end{cases} \quad (3.5.14)$$

4 Ajuste de curvas

Fernando de Noronha

Uma **regressão ou ajuste de curvas** é sempre um recurso formal para expressar alguma tendência ou relação entre a variável dependente x_n e a independente n, ou seja, é um mecanismo que fornece uma relação funcional $x_n = f(n)$ quando se tem alguma relação estatística.

Fazer um ajuste de curvas significa simplesmente determinar os coeficientes de uma função, dada genericamente *a priori*, de modo que, no intervalo de valores considerado, esta função e os dados estatísticos sejam "próximos". Dependendo do que entendemos por proximidade entre função ajustada e dados experimentais, teremos diferentes soluções para $f(n)$. De qualquer forma, só podemos garantir a proximidade entre a curva de regressão e os pontos dados no intervalo limitado onde tais pontos foram tomados. Fazer previsões de valores futuros é o objetivo principal de uma modelagem, e um ajuste dos valores conhecidos nem sempre pode servir para tal. Entretanto, como modelos parciais os ajustes são fundamentais no processo de modelagem global.

Um dos métodos mais usados para estimação dos parâmetros de uma função é conhecido como *método dos quadrados mínimos*:

4 Ajuste de curvas

> Considere um conjunto de n dados observados $\{\overline{x}_n\}_{n\in\mathbb{N}}$ e uma função $x_n = f(n, a_1, a_2, ..., a_j)$, onde $a_j (j = 1, 2, 3...)$ são parâmetros. **O método dos mínimos quadrados** consiste em determinar esses parâmetros de modo que minimize o valor de
>
> $$S = \sum_{i=1}^{n}(x_i - \overline{x_i})^2 = \sum_{i=1}^{n}[f(n, a_1, a_2, ..., a_j) - \overline{x_i}]^2$$
>
> isto é, devemos minimizar a soma dos quadrados dos desvios entre os valores $\overline{x}_n$ observados e os valores ajustados $x_n = f(n, a_1, a_2, ..., a_j)$.

4.1 Ajuste linear

Um ajuste é linear se for da forma

$$y(x) = f(x; a, b) = ax + b \qquad \text{(equação de uma reta)}$$

Nesse caso, devemos encontrar os valores dos parâmetros a e b que tornam mínimo o valor da soma dos quadrados dos desvios:

$$S = S(b, a) = \sum_{i=1}^{n}(b + a\overline{x}_i - \overline{y}_i)^2 \qquad (4.1.1)$$

Tais valores devem satisfazer, necessariamente, às condições de minimalidade de S:

$$\begin{cases} \dfrac{\partial S}{\partial b} = 0 \iff \sum_{i=1}^{n} 2(b + a\overline{x}_i - \overline{y}_i) = 0 \\[2ex] \dfrac{\partial S}{\partial a} = 0 \iff \sum_{i=1}^{n} 2\overline{x}_i(b + a\overline{x}_i - \overline{y}_i) = 0 \end{cases} \qquad (4.1.2)$$

ou seja,

$$\begin{cases} a = \dfrac{n\sum \overline{x}_i \overline{y}_i - \sum \overline{x}_i \sum \overline{y}_i}{n \sum \overline{x}_i^2 - (\sum \overline{x}_i)^2} = \dfrac{\sum \overline{x}_i \overline{y}_i - n\overline{x}\,\overline{y}}{\sum \overline{x}_i^2 - n\overline{x}^2} \\[3ex] b = \dfrac{\sum \overline{x}_i^2 \sum \overline{y}_i - \sum \overline{x}_i \sum \overline{x}_i \overline{y}_i}{n\sum \overline{x}_i^2 - (\sum \overline{x}_i)^2} \iff b = \dfrac{\sum \overline{y}_i}{n} - a\dfrac{\sum \overline{x}_i}{n} = \overline{y} - a\overline{x} \end{cases} \qquad (4.1.3)$$

onde $\overline{x}$ (respectivamente $\overline{y}$) é a média dos valores $\overline{x}_i$ (respectivamente $\overline{y}_i$).

Quando fazemos um ajuste linear para relacionar duas variáveis, não sabemos a

4 Ajuste de curvas

priori se a reta encontrada é de fato o melhor modelo de ajuste. A verificação da existência e do grau de relação entre variáveis é objeto do estudo da *correlação*.

A correlação linear mede a relação existente entre as variáveis x e y através da disposição dos pontos (x_i, y_i) dados, em torno de uma reta ajustada $y = ax + b$.

O *coeficiente de correlação de Pearson* R é um instrumento de medida da correlação linear obtido através do *teste de hipóteses* H_0 sobre a aceitação ou não do coeficiente angular de reta. É dado por:

$$R = \frac{\sum x_i y_i - \frac{(\sum x_i)(\sum y_i)}{n}}{\{[\sum x_i^2 - \frac{(\sum x_i)^2}{n}][\sum y_i^2 - \frac{(\sum y_i)^2}{n}]\}^{1/2}} \quad \text{ou} \quad R = \frac{\sum (x_i - \overline{x})(y_i - \overline{y})}{\sum (x_i - \overline{x})^2 \sum (y_i - \overline{y})^{1/2}} \quad (4.1.4)$$

O intervalo de variação de R é $[-1, 1]$, isto é,

$$-1 \leq R \leq 1$$

A correlação será tanto mais forte quanto mais próximo R estiver de 1 ou de -1; será tanto mais fraca quanto mais próximo estiver de zero. Se $R = 1$ ou -1, então a correlação entre as variáveis é perfeita. Se $R = 0$, então não existe nenhuma correlação entre as variáveis ajustadas.

O sinal de R é o mesmo sinal do coeficiente angular da reta ajustada.[1]

Observação importante: Um ajuste linear pode ser realizado somente com uma régua, basta desenhar uma reta, passando *próxima* dos pontos situados num gráfico de tendência e procurando deixar quantidades iguais de pontos inferiores e superiores à reta. Com o desenho da reta, pode-se obter os parâmetros:

a = tangente do ângulo formado pela reta e o eixo-x;

b = ponto onde a reta corta o eixo-y

Exemplo: Considerando os valores dados na inicial Tabela 1.1 e vamos relacionar os valores posteriores x_{n+1} com os anteriores x_n. Para visualizar essa relação, repetimos a Tabela 1.1 com a coluna dos valores posteriores:

---

[1] Nos programas de ajuste de curvas mais comuns (Excel ou BrOffice Calc), o coeficiente de correlação é dado na forma quadrática $\mathbb{R}^2$.

4 Ajuste de curvas

Tempo	n	0	1	2	3	4	5	6	7
variável	x_n	9,5	18,5	29,1	46,9	70,8	121,1	175,3	257,7
	x_{n+1}	18,5	29,1	46,9	70,8	121,1	175,3	257,7	351,4
Tempo	n	8	9	10	11	12	13	14	15
variável	x_n	351,4	440,8	512,9	562,2	597,7	629,4	642,3	651,2
	x_{n+1}	440,8	512,9	562,2	597,7	629,4	642,3	651,2	

Tabela 4.1: tabela 1.1 ampliada

Um ajuste linear entre as variáveis x_{n+1} e x_n, ($1 \leq n \leq 14$), nos dá os valores dos parâmetros $a = 1,0001$ e $b = 42,493$ da reta

$$x_{n+1} = ax_n + b$$

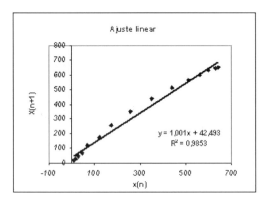

Figura 4.1-Ajuste linear dos valores x_{n+1} e x_n da Tabela 1.1

Exercício: Use apenas os 7 últimos valores da Tabela 1.1 ampliada para ajustar os pontos x_{n+1} e x_n. Verifique se o valor do coeficiente de correlação é maior do que aquele obtido com o ajuste de todos os pontos - Explique o motivo.

Faça, neste caso, um ajuste no *olhômetro* e compare com aquele obtido com o método dos mínimos quadrados.

4.2 Ajuste linear de crescimento exponencial

As curvas esboçadas nas Figuras 4.2a e 4.2b são do *tipo exponencial*

4 Ajuste de curvas

$$y(x) = be^{ax}, \quad b > 0 \qquad (4.2.1)$$

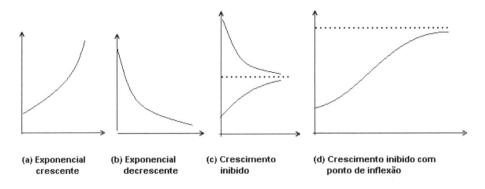

(a) Exponencial crescente   (b) Exponencial decrescente   (c) Crescimento inibido   (d) Crescimento inibido com ponto de inflexão

Figura 4.2- Elenco de funções típicas

Se considerarmos a mudança de variável $z = \ln y$, teremos a equação (4.2.1) na forma de uma reta:

$$z = \ln y = ax + \ln b \qquad (\alpha = a \quad \text{e} \quad \beta = \ln b) \qquad (4.2.2)$$

Se $a > 0$, a exponencial será crescente e se $a < 0$, decrescente.

As curvas dadas na Figura 4.2 servem para modelar fenômenos em que as taxas de crescimento (ou decrescimento) das variáveis de estado positivas são funções das próprias variáveis. Se as taxas de variação são constantes, temos as curvas do tipo (a) se a taxa é positiva ou do tipo (b), se é negativa. Se a taxa de crescimento (positiva) é decrescente como função da variável de estado, temos os modelos dados pelas curvas dos tipos (c) ou (d).

As equações diferenciais ou de diferenças autônomas são os modelos mais indicados para se ter as curvas da Figura 4.2 como soluções.

Exemplo - Poupança: A segunda coluna da Tabela 4.2 fornece a evolução do capital em uma caderneta de poupança, em um ano.

4 Ajuste de curvas

mês - x_i	capital - y_i	$z_i = \ln y_i$	x_i^2	$x_i z_i$	z_i^2
0	1000.0	6.90775528	0	0	47.717083
1	1009.7	6.91740854	1	6.91740854	47.8505409
2	1021.8	6.92932106	4	13.8586421	48.0154903
3	1032.2	6.93944773	9	20.8183432	48.1559347
4	1045.3	6.9520592	16	27.8082368	48.3311272
5	1056.9	6.96309537	25	34.8154769	48.4846972
6	1065.8	6.97148097	36	41.8288858	48.6015469
7	1077.1	6.98202752	49	48.8741927	48.7487083
8	1089.7	6.99365771	64	55.9492617	48.9112481
9	1110.1	7.01220538	81	63.1098484	49.1710243
10	1121.0	7.02197642	100	70.2197642	49.3081529
11	1132.2	7.03280077	121	77.3608084	49.4602866
		$\sum = 83.6232359$	=506	=384.20006	=582.75584

Tabela 4.2: Rendimento da poupança em um ano e dados auxiliares

Se considerarmos o modelo exponencial para o ajuste dos dados, seu cálculo será facilitado se acrescentarmos dados auxiliares na tabela com a mudança de variável $z_i = \ln y_i$ (terceira coluna), juntamente com os componentes da fórmula (4.1.3):

$$\alpha = \frac{\sum \overline{x}_i \overline{z}_i - \frac{\sum \overline{x}_i \sum \overline{z}_i}{n}}{\sum (\overline{x}_i)^2 - \frac{(\sum \overline{x}_i)^2}{n}} = \frac{461,54 - \frac{66 \times 83,62}{12}}{506 - \frac{66^2}{12}} = \frac{1,63}{143} = 0,0114$$

e, portanto,

$$\beta = \frac{\sum \overline{z}_i}{n} - \alpha \frac{\sum \overline{x}_i}{n} = \frac{83,62}{12} - 0,0114 \frac{66}{12} = 6,9058$$

A equação da reta ajustada é dada por:

$$z = 0,0114x + 6,9058$$

Como $\beta = \ln b$ e $\alpha = a$, então a curva exponencial ajustada será

$$y = be^{ax} = 998,04 e^{0,0114x} \quad \text{para} \quad x \geq 0$$

Observação 1: Como $a^x = e^{x \ln a}$, temos que

$$e^{0,0114x} = e^{x \ln(1,011465)} = 1,011465^x$$

4 Ajuste de curvas

Portanto, o ajuste exponencial pode ser escrito na forma

$$y = 998,04 \times 1,011465^x = 998,04 \times (1 + 0,011465)^x$$

A expressão $(1 + 0,011465)$ indica que para cada unidade de tempo (mês) há um acréscimo de $0,011465$, ou seja, a sua taxa média mensal de crescimento ou **juro**, no período, é de 1,1465% ao mês.

Observação 2: Os modelos que são formulados com a proposição: "**A variação de y é proporcional a y**" sempre nos conduzem às formas exponenciais.

O exemplo anterior (poupança) poderia ser expresso como: "*A variação mensal do capital é proporcional ao capital que se tem no início de cada mês*".

Seja $y(x)$ o capital no início do mês x ($x = 0, 1, 2, \ldots 11$) com $y(0) = 1.000$; então,

$$\Delta y = [y(x+1) - y(x)]$$

é a variação do capital em dois meses consecutivos.

A tradução (formulação) matemática da expressão para crescimento de capital então é dada por

$$y(x+1) - y(x) = \alpha y(x) \quad \Leftrightarrow \quad y(x+1) = (\alpha + 1)y(x) \tag{4.2.3}$$

onde α é o juro médio mensal ($\alpha = 0,011465$).

A solução de (4.2.3) pode ser obtida por recorrência, ou seja,

$$y(1) = y(0)(1 + \alpha)$$
$$y(2) = y(1)(1 + \alpha) = y(0)(1 + \alpha)^2$$
$$y(3) = y(2)(1 + \alpha) = y(0)(1 + \alpha)^3$$

Continuando o processo, teremos o modelo discreto de juro composto

$$y(x) = y(0)(1 + \alpha)^x \tag{4.2.4}$$

4.3 Cálculo do valor de Euler e:

L. Euler (1707-1783)

O modelo discreto (mensal) de *juros compostos* pode ser aproximado por um modelo contínuo (o tempo variando continuamente):

Suponhamos que a taxa de juros seja diária, isto é, $\alpha^* \simeq \dfrac{\alpha}{30}$ onde α é a taxa mensal. Então, de (4.2.4) temos

$$y(x) \simeq y(0)\left(1 + \frac{\alpha}{30}\right)^{30x}$$

onde o capital cresce dia a dia (30 vezes em cada mês). Podemos pensar ainda em computar o capital n vezes em cada dia, de tal forma que se n for "muito grande", o tempo entre os cálculos será "muito pequeno".

Assim, o modelo discreto (tempo discreto) deve se aproximar de um modelo contínuo:

$$y(x) \simeq y(0)\left(1 + \frac{\alpha}{n}\right)^{nx}, \quad \text{com } n \text{ "grande"}$$

Consideremos, para efeito de cálculo, a seguinte mudança de variável $\dfrac{\alpha}{n} = \dfrac{1}{h}$, então

$$y(x) = y(0)\left(1 + \frac{1}{h}\right)^{h\alpha x}$$

4 Ajuste de curvas

Temos que se n cresce, então $\dfrac{\alpha}{n}$ tende a zero, e o mesmo se dá com $\dfrac{1}{h}$ quando h cresce. Vamos calcular aproximadamente o valor de $\left(1+\dfrac{1}{h}\right)^h$ quando h cresce sem limitação.

$$h_1 = 1 \rightarrow \left(1+\dfrac{1}{h_1}\right)^{h_1} = 2$$

$$h_2 = 10 \rightarrow \left(1+\dfrac{1}{10}\right)^{10} = 2,59374246$$

$$h_3 = 100 \rightarrow \left(1+\dfrac{1}{100}\right)^{100} = 2,704813829$$

$$h_4 = 1000 \rightarrow \left(1+\dfrac{1}{1000}\right)^{1000} = 2,716923932$$

$$h_5 = 10000 \rightarrow \left(1+\dfrac{1}{10000}\right)^{10000} = 2,718145927$$

$$h_6 = 100000 \rightarrow (1,00001)^{100000} = 2,718268237$$

Temos que a sequência $\lambda_i = \left(1+\dfrac{1}{10^i}\right)^{10^i}$ é monótona, crescente e "limitada" – e, portanto, é convergente, ou seja,

$$\lim_{h\to\infty}\left(1+\dfrac{1}{h}\right)^h$$ é um valor real, aproximadamente, igual a $2,7182$ (erro de 10^{-4}).

Tal valor irracional é o número de Euler e.

Assim, o modelo contínuo que aproxima o modelo discreto é dado por

$$y(x) \simeq y(0)e^{\alpha x} \simeq y_0\left(1+\dfrac{\alpha}{n}\right)^{nx}, \quad \text{com } n \text{ suficientemente grande!}$$

Ajuste quadrático

Os modelos quadráticos são parábolas

$$y(x) = a + bx + cx^2 \qquad (4.3.1)$$

4 Ajuste de curvas

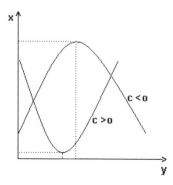

Figura 4.3 - Parábolas

Sua característica principal é possuir pontos extremos (máximo ou mínimo) para a variável independente y em um intervalo limitado de variação de x.

A determinação dos parâmetros a, b e c também é feita mediante a aplicação do método dos mínimos quadrados, minimizando a expressão

$$f(a,b,c) = \sum_{i=1}^{n}(y_i - y)^2 = \sum_{i=1}^{n}[y_i - (a + bx_i + cx_i^2)]^2$$

As condições necessárias para o mínimo de f são:

$$\frac{\partial f}{\partial a} = 0, \quad \frac{\partial f}{\partial b} = 0 \quad e \quad \frac{\partial f}{\partial c} = 0$$

Essas equações fornecem o sistema de ajustamento para o cálculo de a, b, c:

$$\begin{cases} \sum y_i = na + b\sum x_i + c\sum x_i^2 \\ \sum x_i y_i = a\sum x_i + b\sum x_i^2 + c\sum x_i^3 \\ \sum x_i^2 y_i = a\sum x_i^2 + b\sum x_i^3 + c\sum x_i^4 \end{cases} \quad (4.3.2)$$

Observação: Muitos programas computacionais já têm esse ajuste como opção de linha de tendência (Excel, Matlab, Mathematica etc.).

4.4 Ajuste linear do Modelo Exponencial Assintótico

Quando existe uma tendência de estabilidade dos dados dizemos que a curva solução tem um comportamento assintótico e uma curva típica para ajuste (Figura 4.2c) é dada pelo modelo exponencial assintótico:

4 Ajuste de curvas

$$y = y^* - ae^{bx} \qquad (y^* > 0 \quad \text{e} \quad b < 0) \tag{4.4.1}$$

Neste caso, consideramos a mudança de variáveis

$$z = \ln(y - y^*) \quad \text{se} \quad a < 0 \quad \text{ou} \quad z = \ln(y^* - y) \quad \text{se} \quad a > 0,$$

e obtemos a reta:

$$z = \ln|a| + bx$$

Observação: Nos modelos assintóticos, um dos ingredientes mais importantes é o *valor assintótico* da variável independente, também denominado valor de equilíbrio ou de estabilidade. Para se efetuar um ajuste assintótico (tipo exponencial assintótico), é necessário conhecer *a priori* o valor de equilíbrio que, na verdade, é o *valor limite da tendência* de y quando x cresce, ou seja,

$$\lim_{x \to +\infty} y = \lim_{x \to +\infty} (y^* - ae^{bx}) = y^* \qquad \text{(modelo exponencial assintótico)}$$

Em muitos casos práticos, a estimação do valor de equilíbrio pode ser realizada pelo método de Ford-Walford (veja seção 1.6). Lembrando que o método de Ford-Walford consiste em determinar inicialmente uma função g que ajusta os pares (y_n, y_{n+1}), isto é,:

$$y_{n+1} = g(y_n) \qquad \text{(curva ajustada)}$$

e em seguida encontrar seu ponto fixo:

$$\lim_{x_n \to \infty} g(y_n) = \lim_{x_n \to \infty} y_{n+1} = \lim_{x_n \to \infty} y_n = y^*$$

Dentre as curvas planas com inibição, temos duas clássicas: exponencial assintótica (Fig. 4.2c) e crescimento inibido com ponto de inflexão (Figura 4.2d). Faremos os dois casos para o nosso problema.

Modelo Exponencial Assintótico Da curva de tendência (Figura 1.1) e Tabela 1.2 podemos observar que se considerarmos apenas os pontos, a partir de (8; 351), eles se aproximam de uma curva exponencial assintótica (Veja Figura 4.4). Usando o método

4 Ajuste de curvas

de Ford-Walford, obtemos o ponto limite

$$y_{n+1} = y_n = y^* \approx 675.$$

Em relação ao modelo, em forma de uma curva de previsão $y = f(t)$, que pretendemos construir com os dados experimentais da Tabela 1.2, já sabemos que tal curva deve ser crescente e limitada por $y^* \approx 675$, isto é, deve satisfazer

$$\lim_{t \to \infty} f(t) = 675$$

Em outras palavras, a reta $y = 675$ deve ser uma assíntota horizontal de $f(t)$.

tempo	y_n	tempo	y_n	$y^* - y$	modelo
8	351,4	8	351,4	323,6	334,7
9	440,8	9	440,8	234,2	443,3
10	512,9	10	512,9	162,1	517,3
11	562,2	11	562,2	112,8	567,7
12	597,7	12	597,7	77,3	601,9
13	629,4	13	629,4	45,6	625,2
14	642,3	14	642,3	32,7	641,1
15	651,2	15	651,2	23,8	651,9

Tabela 4.3 - Dados para ajuste assintótico

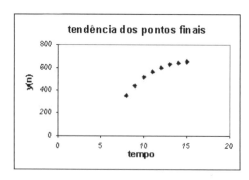

Figura 4.4 - Tendência dos pontos finais da Tabela 4.1

A curva exponencial assintótica pode ser obtida diretamente na forma $y = y^* - ae^{bx}$ quando se usa algum programa do tipo Matlab para ajustar os parâmetros. Entre-

4 Ajuste de curvas

tanto, do ponto de vista do favorecimento da aprendizagem, um programa mais simples pode ser mais eficiente. Assim, se usarmos o Excell, por exemplo, ele não fornece em seu menu uma função do tipo exponencial assintótico e devemos, pois, fazer alguma artimanha para utilizar seu ajuste exponencial: fazemos a mudança de variáveis $z_i = y^* - y_i$ e ajustamos os pontos z_i por uma exponencial auxiliar $z = ae^{bx}$ e, portanto, $y^* - y_i = ae^{bx} \Longrightarrow y = y^* - ae^{bx}$

$$y = 675 - 7373,8e^{-0,3845x} \text{ para } x \geqslant 8 \qquad (4.4.2)$$

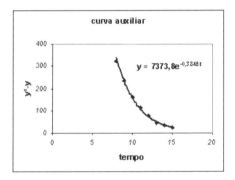 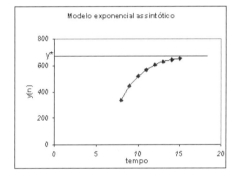

Figura 4.5 - Curva exponencial auxiliar   Figura 4.6 - Modelo parcial

Observamos que o modelo 4.4.2 somente ajusta os pontos para $x \geqslant 8$ sendo pois um modelo parcial. Entretanto, como os pontos considerados são os últimos da Tabela 1.2, tal modelo poderia ser útil para previsões futuras, isto é, para valores superiores a $x = 15$. Para os pontos $x < 8$, poderíamos simplesmente considerar um ajuste exponencial $y = 10,955e^{0,4647x}$ para $0 \leqslant x < 8$.

O modelo completo, neste caso, então é dado por duas curvas (Figura 4.7):

$$\begin{cases} y = 10,955e^{0,4647x} \text{ para } 0 \leqslant x < 8 \\ y = 675 - 7373,8e^{-0,3845x} \text{ para } x \geqslant 8 \end{cases}$$

4 Ajuste de curvas

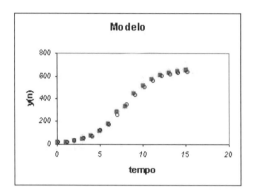

Figura 4.7-Curva discreta do modelo completo

Nosso objetivo agora é procurar um modelo completo dado por uma única expressão. Para tal necessitamos de um ajuste da curva logística.

4.5 Ajuste linear de uma curva logística

A curva logística foi proposta, inicialmente, para modelar a dinâmica de populações pelo matemático belga P. F. Verhurst em 1837 e pode ser visualizada na Figura 28(d).

As características fundamentais da curva logística são:

i) A tendência da variável independente y é de estabilidade, isto é,

$$y \to y^* \quad \text{quando } x \text{ cresce.}$$

y^* é denominado *valor máximo sustentável* ou *capacidade suporte*.

ii) Considerando y_0 o valor inicial da sequência monótona dos y_i, isto é, $y = y_0$ quando $x = 0$, tem-se

- y é crescente se $y_0 < y^*$
- y é decrescente se $y_0 > y^*$

iii) A taxa de crescimento relativo de y_i é linear, isto é,

$$\lambda_i = \frac{y_{i+1} - y_i}{y_i}$$

pode ser ajustada por uma reta: $\lambda = ay + b$

4 Ajuste de curvas

(iv) Se $y_0 < \frac{y^*}{2}$, a curva $y(x)$ muda de concavidade quando $y = \frac{y^*}{2}$, o que implica a existência de um *ponto de inflexão* na curva.

A expressão teórica da curva logística é

$$y = \frac{a}{be^{-\lambda x} + 1} \qquad (4.5.1)$$

onde, $\quad a = y^*, \quad b = \frac{y^*}{y_0} - 1 \quad$ e $\quad \lambda = \alpha y^*$ é a taxa de reprodutividade máxima.

Uma estimativa dos parâmetros da curva logística pode ser feita, por meio de um ajuste linear, usando a mudança de variáveis:

$$z = \ln\left(\frac{y/a}{1 - y/a}\right) \qquad (4.5.2)$$

ou seja,

$$z = \ln\left(\frac{\frac{1}{1+be^{-\lambda x}}}{1 - \frac{1}{1+be^{-\lambda x}}}\right) = \ln\left(\frac{\frac{1}{1+be^{-\lambda x}}}{\frac{be^{-\lambda x}}{1+be^{-\lambda x}}}\right) = \ln\left(\frac{1}{b}e^{\lambda x}\right)$$

e obtemos a equação de uma reta

$$z = \lambda x - \ln b$$

No nosso exemplo com os pontos dados na Tabela 1.1, temos

$$z = 0,5124x - 4,1103$$

O valor de $a = y^*$ pode ser estimado pelo método de Ford-Walford, visto anteriormente. Para se obter um valor razoável de y^* é conveniente considerar somente os valores de y_i que, na curva de tendência, são superiores ao valor de inflexão da curva. Quando não temos um número de dados suficientes y_i superiores a $\frac{y^*}{2}$, então devemos estimar y^* por outros métodos. Assim, considerando $y^* = 675$, obtemos a curva logística (Figura 4.8)

$$y = \frac{675}{1 + 60,96e^{-0,5124x}}$$

4 Ajuste de curvas

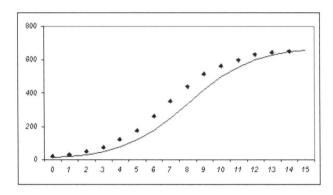

Figura 4.8 - Modelo logístico contínuo

4.6 Modelo logístico discreto

No início do processo de modelagem, fazendo ajustes quadráticos das variações discretas, obtivemos as parábolas

$$x_{n+1} \simeq -0,0008x_n^2 + 1,56x_n - 7,4859$$

$$x_{n+1} \simeq -0,0008x_n^2 + 1,523x_n + 5,622 \qquad (4.6.1)$$

Como uma das raízes da parábola é bem próxima de zero, podemos considerá-la na forma de uma equação logística discreta

$$x_{n+1} - x_n = ax_n^2 + bx_n = \alpha x_n(k - x_n) \qquad (4.6.2)$$

A diferença entre os dois ajustes está basicamente no coeficiente da variável linear x_n quando consideramos valores de x_n maiores. Tomemos, então, por simplicidade, a sua média $\frac{1,56+1,52}{2} = 1,54$ e a equação autônoma da forma logística, que nos dá o processo iterativo entre os valores antecedentes e consequentes:

$$x_{n+1} \simeq -0,0008x_n^2 + 1,54x_n \qquad (4.6.3)$$

A equação 4.6.3 é uma fórmula de recorrência ou equação de diferença **não linear** de primeira ordem, cuja solução é bastante complicada. Entretanto, podemos determinar facilmente os valores x_n preditos no modelo a partir de uma condição inicial

4 Ajuste de curvas

x_0. Assim, se $x_0 = 9,5$ o modelo 4.6.3 fornece o valor $x_1 = 14,558 \simeq 14,6$, que, por sua vez, serve para determinar o valor de $x_2 = 28,2$ e sucessivamente obtemos todos os valores que estão na quinta coluna da Tabela 4.1. Um gráfico destes valores pode mostrar claramente como o modelo de predição e os valores observados estão próximos (veja Figura 4.9).

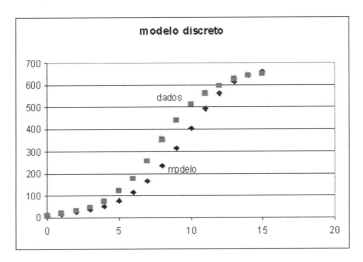

Figura 4.9 - Modelo discreto e valores observados

Lembrando que o objetivo do curso é o aprendizado de Matemática, neste ponto devemos explorar o conteúdo de equações de diferenças, conforme [6]. Por exemplo, estudar a convergência da sequência $\{x_n\}$, cujos valores são dados pelo modelo 4.6.3. Dada a fórmula de recorrência

$$x_{n+1} = f(x_n) = -0,0008x_n^2 + 1,54x_n \qquad (4.6.4)$$

a estabilidade ou pontos de equilíbrio do modelo são obtidos quando não ocorre variação do estágio n para o estágio sucessivo $(n+1)$, isto é,

$$x_{n+1} = x_n = x^* \qquad (4.6.5)$$

Da equação 4.6.4, tem-se um ponto de equilíbrio x^* se, e somente se, a função $f(x)$ tem um ponto fixo, isto é, quando

$$f(x^*) = x^* = -0,0008(x^*)^2 + 1,54x^* \qquad (4.6.6)$$

4 Ajuste de curvas

ou

$$-0,0008(x^*)^2 + 0,54x^* = 0 \qquad (4.6.7)$$

De 4.6.7 tiramos que $x^* = 0$ ou $x^* = 675$. Lembramos que esse procedimento para determinar pontos de equilíbrio ou convergência de sequências é o Método de Ford-Walford, que consiste em encontrar a solução do sistema:

$$\begin{cases} x_{n+1} = f(x_n) \\ x_{n+1} = x_n \end{cases}, \qquad (4.6.8)$$

conforme vimos anteriormente.

4.7 Equação logística contínua

Observamos que a obtenção do modelo de predição para variável discreta fez uso somente de matemática simples, podendo ser realizado tranquilamente no ensino médio. Agora, no interesse de estudar outras formas de modelos matemáticos para a mesma situação, podemos modificar o conceito de variação simples $\Delta y_n = y_{n+1} - y_n$ para variação instantânea $\frac{dy}{dx}$, considerando a variável x contínua. Uma analogia com o modelo discreto permite formular o modelo contínuo na forma de uma equação diferencial:

$$\begin{cases} \frac{dy}{dx} = ay(k-y) \\ y_0 \text{ dado} \end{cases} \qquad (4.7.1)$$

O modelo obtido é uma equação diferencial autônoma não linear de primeira ordem, denominada *equação logística*, que tem servido de paradigma na modelagem de dinâmica populacional.

Integrando ambos os membros em 4.7.1 e explicitando a variável $y(x)$, temos

$$y(x) = \frac{ky_0}{y_0 + (k-y_0)e^{-akx}} = \frac{k}{1 + (\frac{k}{y_0} - 1)e^{akx}} \qquad (4.7.2)$$

Podemos observar que na solução 4.7.2 de 4.7.1 temos

$$\lim_{x \to +\infty} y(x) = k \text{ e } \lim_{x \to 0} y(x) = y_0$$

ou seja, quando x cresce muito então a variável $y(x)$ tende ao ponto de equilíbrio

4 Ajuste de curvas

$y^* = k$ (assíntota horizontal) e, para $x = 0$, temos a condição inicial $y(0) = y_0$. No nosso exemplo, $k = 675$ e $y_0 = 9,5$.

O primeiro modelo que relaciona a taxa de crescimento populacional foi formulado por Pierre F. Verhurst em 1837. Tal modelo contempla o fato de que uma população, vivendo num determinado meio, deve crescer até certo limiar (capacidade suporte do meio) e tende a se estabilizar quando o tempo aumenta. A equação considera a diminuição da taxa de crescimento da população que deve estar sujeita a algum fator inibidor como alimentação, espaço, condição ambiental, doença etc. A taxa de crescimento é proporcional à população em cada instante. R. Pear e L. Reed, no início do século XX, utilizaram o modelo de Verhurst para estudar a dinâmica populacional americana e o resultado foi bastante satisfatório. O modelo logístico continua sendo ainda usado nas mais diversas situações e tem servido como paradigma para modelos alternativos unidimensionais com populações inibidas. Sejam P^* a capacidade suporte, $P_0 = P(0)$ o valor inicial de uma população e r a taxa de crescimento relativo de uma população P, o modelo de Verhurst é então dado por

$$\begin{cases} \dfrac{dP}{dt} = rP\left(1 - \dfrac{P}{P^*}\right) \\ P(0) = P_0, \quad r > 0 \end{cases} \quad (4.7.3)$$

Observamos que $P(t) \equiv 0$ e $P(t) \equiv P^*$ são soluções da equação diferencial 4.7.3. A solução analítica de 4.7.3 é obtida por integração após a separação das variáveis, isto é,

$$\int \frac{dP}{P(1 - \frac{P}{P^*})} = \int r\,dt;$$

Usando a técnica das frações parciais para resolver a integral do 1° membro, obtemos

$$\frac{1}{P(1 - \frac{P}{P^*})} = \frac{A}{P} + \frac{B}{1 - \frac{P}{P^*}} = \frac{1}{P} + \frac{\frac{1}{P^*}}{1 - \frac{P}{P^*}}$$

Logo,

$$\int \frac{dP}{P(1 - \frac{P}{P^*})} = \int \left(\frac{1}{P} + \frac{\frac{1}{P^*}}{1 - \frac{P}{P^*}}\right) dp = \ln|P| - \ln\left|1 - \frac{P}{P^*}\right|$$

E, portanto,

$$\ln\left|\frac{P(t)}{1 - P(t)/P^*}\right| = rt + c$$

Usando a condição inicial $P(0) = P_0$, podemos determinar o valor da constante de integração c:

$$c = \ln\left|\frac{P_0}{1 - \frac{P_0}{P^*}}\right| = \ln\left|\frac{P_0 P^*}{P^* - P_0}\right| = rt + \ln\left|\frac{P_0 P^*}{P^* - P_0}\right|$$

Ou seja,

$$\ln\left|\frac{P(P^* - P_0)}{P_0(P^* - P)}\right| = rt \quad \Rightarrow \quad \frac{P}{P^* - P} = \frac{P_0}{P^* - P_0} e^{rt}$$

Explicitando $P(t)$, temos

$$P(t) = \frac{P^*}{(\frac{P^*}{P_0} - 1)e^{-rt} + 1} = \frac{P^* P_0}{(P^* - P_0)e^{-rt} + P_0} \qquad (4.7.4)$$

A curva logística é o gráfico da expressão 4.7.4, e podemos observar que
a) Se $P_0 < P^*$ então $P_0 < P(t) < P^*$ e $P(t)$ tende a P^*, crescendo, pois, $\frac{dP}{dt} > 0$; b) Se $P_0 > P^*$ então $P(t)$ tende a P^*, decrescendo (verifique que, neste caso, $\frac{dP}{dt} < 0$); c) Da equação (4.7.3) temos que

$$\frac{dP}{dt} = rP - r\frac{P^2}{P^*}$$

ou seja, $\frac{dP}{dt}$, como função de P, é uma parábola com concavidade voltada para baixo (veja Figura 4.10) e cujas raízes $P = 0$ e $P = P^*$ são os pontos de equilíbrio ou soluções de equilíbrio da equação diferencial (4.7.3), pois $\frac{dP}{dt} = 0$ nestes pontos.

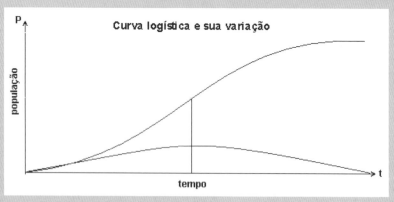

Figura 4.10- Curva logística e sua variação

4 Ajuste de curvas

d) Como $r > 0$, temos que $\dfrac{dP}{dt}$ é crescente se $0 < P(t) < \dfrac{P^*}{2}$ e decrescente se $\dfrac{P^*}{2} < P(t) < P_\infty$. O valor máximo de $\dfrac{dP}{dt}$, relativamente a P, é atingido quando $P = \dfrac{P^*}{2}$, isto é, quando a população for igual à metade da população limite; e) Se considerarmos em (4.7.4), $P(t) = \dfrac{P^*}{2}$, podemos determinar o instante t_m em que a população atinge a máxima variação:

$$\frac{P^*}{2} = \frac{P_0 P^*}{(P^* - P_0)e^{-rt} + P_0} \quad \Rightarrow \quad e^{rt} = \frac{P^* - P_0}{P_0}$$

e, portanto,

$$t_m = \frac{1}{r} \ln \frac{P^* - P_0}{P_0}, \quad (4.7.5)$$

considerando que $P_0 < \dfrac{P^*}{2}$. Assim, para $t = t_m$ temos: *

i) $P(t_m) = \dfrac{P^*}{2}$ \hfill (4.7.6)

ii) $\dfrac{dP}{dt}\Big|_{t=t_m} = r\dfrac{P^*}{2}\left(1 - \dfrac{\frac{P^*}{2}}{P^*}\right) = \dfrac{r}{4}P^* > 0$ \hfill (4.7.7)

iii) $\dfrac{d^2P}{dt^2}\Big|_{t=t_m} = r\dfrac{dP}{dt} - \dfrac{2r}{P^*}P\dfrac{dP}{dt} = r\dfrac{dP}{dt}\left(1 - 2\dfrac{P}{P^*}\right)\Big|_{P=\frac{P^*}{2}} = 0$

Logo, $t = t_m$ é um ponto de inflexão de $P(t)$. Desta forma, se $P_0 = \dfrac{P^*}{2} \Rightarrow t_m = 0$. Se $\dfrac{P^*}{2} < P_0 < P^* \Rightarrow$ a curva não tem ponto de inflexão. .Se $P_0 > P^* \Rightarrow$ a curva não tem ponto de inflexão e decresce para P^*.

Em muitos casos estudados, o próprio fenômeno indica que a função de previsão deve ser crescente e limitada, mas a curva de tendência obtida com os dados observados não apresenta mudança de concavidade. Nesses casos, uma modelagem mais simples é sugerida inicialmente - uma função exponencial assintótica pode ser um bom modelo.

A equação diferencial cuja solução é uma função exponencial assintótica é dada por:

$$\begin{cases} \frac{dx}{dt} = a(k - x) \\ x_0 \quad \text{dado} \end{cases} \quad (4.7.8)$$

4 Ajuste de curvas

De fato, separando as variáveis e integrando membro a membro, obtemos

$$\int \frac{dx}{k-x} = \int a\,dt \text{ , ou seja, } -\ln|k-x| = at + C$$

Se $k > x_0 \Rightarrow k - x = (k - x_0)e^{-at} \Longrightarrow x(t) = k - (k - x_0)e^{-at}$

Se $k < x_0 \Rightarrow x - k = (x_0 - k)e^{-at} \Longrightarrow x(t) = k - (x_0 - k)e^{-at}$

Se $k = x_0 \Longrightarrow x(t) = x_0$ para todo t.

Observamos que o único ponto de equilíbrio de 4.7.8 é $x^* = k$ onde $\frac{dx}{dt} = 0$.
Ainda, a função exponencial assintótica

$$x(t) = k - C_0 e^{-at}, \text{com } C_0 > 0 \text{ e } a > 0. \tag{4.7.9}$$

tem as seguintes propriedades:
- $\frac{dx}{dt} = aC_0 e^{-at} > 0$ se $C_0 = k - x_0 > 0 \Longrightarrow x(t)$ é crescente; se $x_0 > k \Longrightarrow x(t)$ é decrescente.
- $\frac{d^2x}{dt^2} = C_0 e^{-at} < 0$ se $a > 0$ e $C_0 > 0 \Longrightarrow$ a concavidade de $x(t)$ é para baixo; se $x_0 > k \Longrightarrow$ a concavidade de $x(t)$ é para cima.
- $\lim_{t \to \infty} x(t) = \lim_{t \to \infty} [k - C_0 e^{-at}] = k$.

Observamos que os dois modelos analisados, logístico e exponencial assintótico, aparecem com muita frequência quando se trabalha com situações reais. O motivo disso é que são os modelos mais simples de crescimento inibido e, portanto, os primeiros a serem formulados, podendo ser modificados ou substituidos depois por outros modelos alternativos mais coerentes com a realidade. Salientamos que, no modelo logístico, o ponto de inflexão da curva está exatamente na metade da capacidade suporte. Esta propriedade é muito forte para a maioria das situações e a colocação diversificada do ponto de inflexão fornece, então, uma primeira possibilidade entre as alternativas de mudanças dos modelos unidimensionais com inibição.

Exercícios: Construa modelos discretos e contínuos para os dados das seguintes

4 Ajuste de curvas

tabelas:

(1)

Tempo	Variável
n	x_n
0	44,8
1	51,3
2	56,2
3	59,7
4	62,9
5	64,2
6	65,1
7	66,0

Tabela 4.4a- Dados observados

(2)

Idade	Comprimento	Peso
0	23,4	52
1	31,2	120,1
2	37,5	210,8
3	42,1	382,4
4	46,6	522,7
5	49,9	722,2
6	52,1	839,3
7	53,7	926,3
8	54,2	975,7
9	54,8	1010,1

Tabela 4.4b- Crescimento da tilápia

Em nosso exemplo teórico de modelagem, partimos de uma coleta de dados e procuramos "modelar" ou formular equações matemáticas que, de alguma maneira, sintetizam ou explicam o fenômeno analisado. Geralmente, em uma modelagem, busca-se também entender a evolução do sistema, e as equações são usadas para "previsões" futuras ou mesmo passadas. Nesse caso, o tempo sempre figura como a principal variável independente de equações variacionais. Em tais modelos dinâmicos, o conceito de **variação** é fundamental e pode ser utilizado com formalismos distintos, dependendo tanto do ambiente educacional como do tipo de variáveis integrantes.

Casos estudados

*A influência científica da nossa visão de mundo não se limita
a ideias abstratas. Pelo contrário, nossa percepção da realidade
é determinada por inovações tecnológicas. Ao entender os mecanismos
da natureza, o homem poderá erguer-se, sem medo, perante a criação.*

Marcelo Gleiser

Acreditamos que a melhor maneira de aprender algum processo é fazendo. Assim como só se aprende a pescar, pescando, o mesmo acontece com modelagem matemática. De qualquer forma, sempre um elenco de exemplos pode facilitar a caminhada, pois cada situação analisada tem suas características próprias e uma analogia com situações novas sempre pode ser interessante. Assim, mostraremos alguns casos estudados com a intenção de orientar o eleitor na busca de seus próprios modelos. O desenvolvimento de cada tema que iremos apresentar se deu em cursos de Especialização de Professores. Esses cursos tinham como objetivo principal o ensino-aprendizagem de Matemática com modelagem. O programa geral desses cursos é bem definido inicialmente, sendo seguido conforme as necessidades e sua relevância nos estudos dos temas escolhidos pelos estudantes. Cada tema de pesquisa escolhido é desenvolvido em grupos (de 4 a 6 alunos), que devem buscar ferramentas matemáticas adequadas para um melhor entendimento do fenômeno analisado. O empolgante nesses cursos é que, quando se escolhe um tema de pesquisa, não se sabe *a priori* qual matemática será mais adequada para a modelagem. Nos próximos capítulos vamos mostrar um resumo dos principais modelos obtidos com os temas: maçã, esporte, criminalidade no ABCD e fabricação de papel.

5 Propagação da podridão em maçãs

O problema que iremos abordar aqui surgiu em cursos de Especialização para professores de Matemática realizados em Palmas e Guarapuava (1988-89).

Nesses cursos, cada grupo de 4 a 6 cursistas escolhe um tema de pesquisa que é desenvolvido durante todo o programa, que, normalmente, corresponde a 8 disciplinas num total de 360 horas. A parte inicial da pesquisa é feita através da *etnografia*, que é realizada por grupos de alunos com o levantamento de campo, baseado na experiência dos especialistas da área e intimamente ligado ao contexto social peculiar de sua cultura específica. Em seguida, passa-se à análise dos dados obtidos ou *etnologia*. Este processo de aprendizagem e coleta de dados necessita, invariavelmente, de outros retornos ao campo. O levantamento de problemas relacionados com o tema escolhido é consequência dos dados coletados. Outros problemas mais abrangentes e gerais são incentivados pelos instrutores, uma vez que um dos objetivos de tais cursos é ampliar o horizonte matemático desses professores cursistas.

5 Propagação da podridão em maçãs

Com o tema **Maçã**, vários problemas foram abordados, lembrando que nesses cursos toda matemática é bem-vinda, começando com o cálculo do volume da fruta (Geometria) até a construção e uma esteira ideal para o tanque de resfriamento (Equações Diferenciais), passando por processos de plantio (Estatística), de armazenamento (Cálculo Diferencial) etc. (veja [19] e [5]). O problema que vamos tratar aqui se relaciona com a propagação da doença *podridão da maçã* quando a fruta está acondicionada em caixas (bins).

5.1 O problema

A armazenagem das maçãs é feita em câmaras frigoríficas, onde são depositadas em caixas de madeira (bins) sobrepostas que comportam, aproximadamente, 3.000 frutas. Quando alguma maçã está contaminada com *podridão*, a doença se propaga rapidamente contaminando as outras frutas ao seu redor. Estima-se que em 12 dias 80% das maçãs da caixa são contaminadas, comprometendo posteriormente todo o estoque. A modelagem matemática, neste caso, visa analisar a dinâmica da doença.

5.1.1 Dados e variáveis

- $M = M(t)$ é a quantidade de maçãs contaminadas no instante t;
- t = tempo de propagação (dias);
- T = quantidade total de maçãs em um bin $\cong$ 3000 frutas;
- Se o processo de dispersão da doença se inicia com 1 maçã, então $M_0 = M(0) = 1$ (condição inicial);
- Quando a doença se inicia com uma fruta infectada, então em 12 dias 80% das maçãs do bin estarão podres, isto é, $M(12) = 0,8T$.

Hipótese: "A velocidade de propagação da doença é proporcional à proximidade (encontro) entre maçãs sadias e contaminadas".

A velocidade de propagação pode ser entendida como a variação (aumento), em relação ao tempo, da quantidade de maçãs podres.

5 Propagação da podridão em maçãs

5.2 M_1- Modelo contínuo

Se usarmos um modelo contínuo para a variação populacional, devemos traduzir tal variação por derivada, isto é,

$$\frac{dM}{dt} \text{ representa a velocidade de propagação}$$

Como a população total é constante T, então a população de frutas sadias $S(t)$ é dada por $S(t) = T - M(t)$. O encontro entre frutas contaminadas e sadias pode ser modelado, tendo-se em consideração a *lei de ação de massas*, ou seja, $E = MS = M(T - M)$.

Da hipótese formulada para a epidemia, podemos escrever o seguinte modelo:

$$\begin{cases} \frac{dS}{dt} = -\beta SM \\ \frac{dM}{dt} = \beta SM \\ M_0 = 1 \text{ e } S + M = T \end{cases} \quad (5.2.1)$$

onde, β é a taxa de contaminação, ou força de infecção, própria de cada doença.

O sistema 5.2.1 pode ser reduzido a um problema de condição inicial com apenas uma equação diferencial, uma vez que $S = T - M$:

$$\begin{cases} \frac{dM}{dt} = \beta M(T - M) \\ M_0 = 1 \end{cases} \quad (5.2.2)$$

Observamos que o modelo 5.2.2 é uma equação logística contínua cuja solução analítica é obtida pelo método da separação de variáveis (veja 4.7.4),

$$M(t) = \frac{KTe^{\beta Tt}}{1 + Ke^{\beta Tt}}$$

Considerando agora a condição inicial $M_0 = M(0) = 1$, podemos obter o valor da constante arbitrária K:

$$M(0) = 1 \Longrightarrow 1 + K = KT \Longrightarrow K = \frac{1}{T-1} \simeq \frac{1}{T} \simeq 0,00033$$

5 Propagação da podridão em maçãs

A solução particular pode, então, ser dada por:

$$M(t) = \frac{e^{\beta T t}}{1 + \frac{1}{T}e^{\beta T t}} = \frac{T e^{\beta T t}}{T + e^{\beta T t}} = \frac{T}{T\, e^{-\beta T t} + 1}$$

Considerando que $M(12) = 0,8T$, determinamos a taxa de contaminação β:

$$0,8T = \frac{T}{T\, e^{-12\beta T} + 1} \Longrightarrow 0,8Te^{-12\beta T} = 0,2$$

$$-12\beta T = \ln\frac{1}{4T} \Longrightarrow \beta = -\frac{1}{12T}\ln\frac{1}{4T} \approx 0,000261$$

Portanto, a equação determinística que permite fazer previsões de maçãs contaminadas em cada instante é

$$M(t) = \frac{3000}{3000\, e^{-0,783t} + 1} \tag{5.2.3}$$

Por outro lado, se quisermos fazer previsões do tempo necessário para cada porcentagem p de frutas contaminadas, devemos ter t em função de $M = pT$. Assim, substituindo este valor na equação de $M(t)$, obtemos

$$pT = \frac{T}{T\, e^{-\beta T t} + 1} \Longrightarrow pTe^{-\beta T t} + p = 1 \Longrightarrow e^{-\beta T t} = \frac{1-p}{pT}$$

$$\Longrightarrow -\beta T t = \ln\left(\frac{1-p}{pT}\right) \Longrightarrow t = -\frac{1}{\beta T}\ln\left(\frac{1-p}{pT}\right)$$

Considerando o valor $\beta = -\frac{1}{12T}\ln\frac{1}{4T}$ obtemos

$$t = \frac{12}{\ln\frac{1}{4T}}\ln\left(\frac{1-p}{pT}\right) \quad \text{com} \quad 0 < p < 1 \tag{5.2.4}$$

Por exemplo, se quisermos o tempo transcorrido para que metade das maçãs estejam contaminadas, basta tomar $p = 0,5$. Assim, em um bin de 3.000 maçãs teremos metade contaminada quando $t = \frac{12}{\ln\frac{1}{4T}}\ln\left(\frac{1}{T}\right) = (-1,277) \times (-8,006) = 10,224\ dias$.

Para saber quando toda a caixa de maçã estará estragada, dever-se-ia tomar a equação do tempo com o valor $p = 1$, o que não é possível, uma vez que tal equação não está definida para este ponto. O que podemos fazer é tomar um valor de p bastante

5 Propagação da podridão em maçãs

aproximado de 1, por exemplo $p = 0,99$, e obter

$$t = (-1,277)\ln\frac{0,01}{0,99T} \approx 16,092 \; dias$$

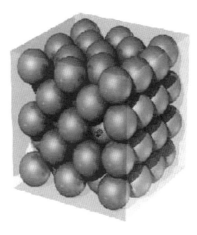

Figura 5.1- Propagação da *podridão* da maçã

Crítica: Na equação contínua de propagação, consideramos que a "proximidade" ou encontro entre as frutas sadias e doentes é responsável pela propagação da doença. O número de encontros é modelado como sendo proporcional ao produto delas ($E = SM$). Isso é uma aproximação um tanto grosseira da realidade, uma vez que cada fruta pode encostar em um número reduzido de outras frutas. Nesse caso, um modelo discreto poderia ser mais interessante e realístico!

5.3 Modelos discretos

Para formular um modelo de propagação discreto, devemos pensar na unidade de tempo como sendo cada interação efetuada. Também um bin será considerado uma caixa cúbica cuja unidade de medida é $\mu = 1 maçã$. Como uma caixa contém, aproximadamente, 3.000 maçãs, então seus lados valem $\sqrt[3]{3000}\mu \simeq 14,5\mu$. Assim, podemos pensar que as maçãs estejam distribuídas em 14 ou 15 camadas planas dentro da caixa. Inicialmente, podemos pensar num modelo de propagação em uma camada central, ou seja, no plano.

5 *Propagação da podridão em maçãs*

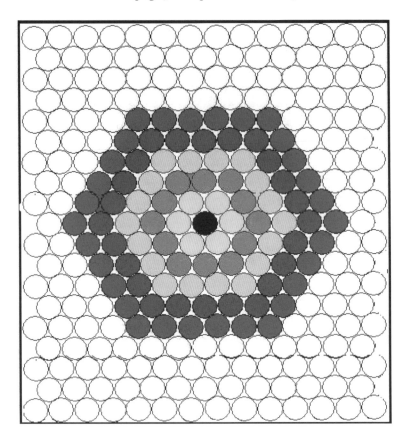

Figura 5.2- Propagação no plano

Propagação discreta no plano
Modelo da primeira camada

Estamos imaginando cada maçã como sendo esférica e, portanto, se começarmos com uma maçã podre, em torno dela terá exatamente 6 frutas sadias (considerando que os espaços sejam preenchidos de maneira otimizada). Esse fato se dá porque um círculo pode ser tangenciado por, no máximo, 6 círculos iguais a ele, uma vez que os centros de tais círculos são vértices de um hexágono de lado igual ao diâmetro do círculo (Figura 5.3a).

Observamos que o número mínimo de círculos iguais que se tangenciam é 4. De fato, na Figura 5.3b o segmento $\overline{BC}$ é tal que $\overline{BC}^2 = \overline{BA}^2 + \overline{AC}^2 = 2\overline{AB}^2 \Longrightarrow \overline{BC} = \sqrt{2}\,\overline{AB}$. Por outro lado, $\overline{BC} = \overline{AB} + K$ logo, $\overline{AB} + K = \sqrt{2}\,\overline{AB}$. Segue que $K = (\sqrt{2}-1)\overline{AB} <$

5 Propagação da podridão em maçãs

$\overline{AB}$, onde $\overline{AB}$ é o diâmetro do círculo. Isso implica que entre os círculos de centros C e B não cabe outro círculo de mesmo diâmetro $\overline{AB}$.

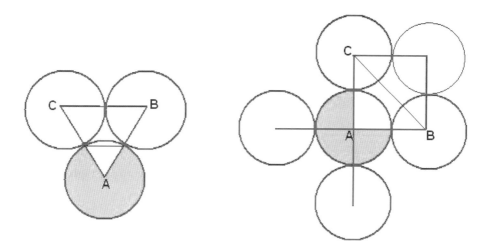

Figura 5.3 - (a) tangenciamento máximo   (b) tangenciamento mínimo

Assim, a propagação da doença, no plano, obedece à formação de hexágonos encaixantes (Figura. 5.3), isto é, em cada estágio (interação) o número de maçãs que apodrecem é sempre múltiplo de 6 (no caso de tangenciamento máximo). No caso de tangenciamento mínimo, o número será múltiplo de 4.

Vamos supor que a quantidade inicial de maçãs podres seja $M_0 = 1$ e está situada no centro da região plana. Então, a propagação da doença neste plano será: $M_1 = 6$; $M_2 = 12$; $M_3 = 18$;...; $M_n = 6n$. No caso específico do nosso problema, temos $1 \leq n \leq 7$, pois com 7 interações temos as primeiras maçãs podres atingindo a parede da caixa que tem lado aproximadamente igual a 14μ. Depois da 7ª interação, a taxa de propagação da doença é modificada, pois as podres são barradas pelas paredes da caixa.

Podemos agora calcular a soma de maçãs contaminadas para $n \leq 7$.

Seja A_n o total de frutas contaminadas até o estágio n, então temos:

$$\begin{cases} A_n = A_{n-1} + 6n \\ A_0 = 1 \end{cases} \qquad (5.3.1)$$

$\Longrightarrow A_n = A_0 + 3n(n+1)$ para $1 \leq n \leq 7$ (veja solução em seguida).

Tomando $A_0 = 1$, temos

5 Propagação da podridão em maçãs

$$A_n = 1 + 3n(n+1) \quad \text{para} \quad 1 \le n \le 7 \qquad (5.3.2)$$

que é uma fórmula de previsão de transmissão da doença quando as maçãs estão situadas no plano. No caso de as frutas estarem limitadas num quadrado de lado 14μ este modelo vale para $1 \le n \le 7$.

Um valor expressivo em modelos epidemiológicos e que pode ser analisado aqui é a *taxa basal de reprodutividade* R_0 que dá o número de frutas contaminadas por uma fruta. No caso do modelo empregado, o valor desta taxa é

$$R_0(n) = \frac{M_{n+1}}{A_n} = \frac{6(n+1)}{1 + 3n(n+1)} \simeq \frac{2}{n} \quad \text{com } n \ge 0 \qquad (5.3.3)$$

Podemos observar que, mesmo com esse modelo simples com propagação no plano, a taxa de reprodutividade varia com o tempo (estágio).

Modelo da segunda camada

Se tivermos uma camada de maçãs distribuídas conforme a Figura 5.3, então uma camada "plana" sobreposta e uma camada inferior deverão ter as frutas encaixadas nos espaços compreendidos entre cada 3 maçãs da camada inicial (Figura 5.4):

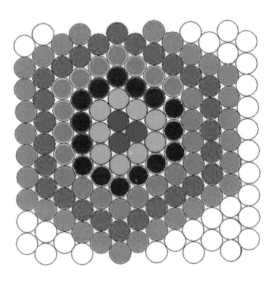

Figura 5.4 - Camada sobreposta ou camadas ímpares

5 Propagação da podridão em maçãs

Essa camada começa a se formar no estágio 1, pois temos 3 maçãs que estão em contato com a maçã podre $M_0 = 1$ inicial da camada central.

A sequência de frutas podres nessa camada superior é dada por: $P_1 = 3; P_2 = 9; P_3 = 15; P_4 = 21;...$. A fórmula de recorrência de tal sequência é

$$\begin{cases} P_n = P_{n-1} + 6 \\ P_1 = 3 \end{cases} \text{ para } 2 \leq n \leq 7 \quad (5.3.4)$$

cuja solução é dada por

$$P_n = 3(2n-1) \text{ para } 1 \leq n \leq 7 \quad (5.3.5)$$

Como vimos, se $1 \leq n \leq 7$, podemos computar a totalidade de maçãs podres em cada camada:

Para a camada central, em cada estágio n temos

$$A_n = 1 + 3n(n+1)$$

Para as camadas adjacentes à central, devemos ter

$$Q_n = \sum_{j=1}^{n} P_j = \sum_{j=1}^{n} 3(2n-1) = 3n^2 \quad (5.3.6)$$

Modelo parcial espacial discreto: Como condição inicial, supomos que há uma fruta podre situada no centro de uma caixa. Vamos considerar as frutas dispostas neste bin como se estivessem em camadas sobrepostas e cujas configurações são dadas pelas formações das camadas estudadas anteriormente (Figura 5.4 e Figura 5.4).

Devemos procurar uma fórmula que dê a soma das frutas podres para um estágio n quando $0 \leq n \leq 7$.

Seja S_n a soma de todas as frutas podres para um estágio n. Devemos pensar que em cada estágio n apodrecem frutas que estão situadas em camadas adjacentes àquelas onde já existem frutas podres:

5 Propagação da podridão em maçãs

n	S_n	
0	S_0	M_0
1	S_1	$S_0 + 2P_1 + M_1$
2	S_2	$S_1 + 2A_1 + 2P_2 + M_2$
3	S_3	$S_2 + 2Q_2 + 2M_2 + 2P_3 + M_3$
4	S_4	$S_3 + 2A_2 + 2P_3 + 2M_3 + 2P_4 + M_4$
5	S_5	$S_4 + 2Q_3 + 2M_3 + 2P_4 + 2M_4 + 2P_5 + M_5$
6	S_6	exercício

$\Longrightarrow$

$$S_0 = A_0$$
$$S_1 = A_1 + 2Q_1$$
$$S_2 = A_2 + 2Q_2 + 2A_1$$
$$S_3 = A_3 + 2Q_3 + 2A_2 + 2Q_2$$
$$S_4 = A_4 + 2Q_4 + 2A_3 + 2Q_3 + 2A_2$$
$$S_5 = A_5 + 2Q_5 + 2A_4 + 2Q_4 + 2A_3 + 2Q_3$$
$$S_6 = \text{exercício}$$

A soma das frutas contaminadas S_n, em cada estágio n depende da estrutura da camada sobreposta à última camada que contém fruta podre. A dinâmica de propagação se repete a cada 2 estágios; por este motivo, vamos considerar separadamente os estágios pares e ímpares:

$$S_{2n+1} = A_{2n+1} + 2\sum_{j=n+1}^{2n} A_j + 2\sum_{j=n+1}^{2n+1} Q_j \qquad (5.3.7)$$

$$S_{2n} = A_{2n} + 2\sum_{j=n}^{2n-1} A_j + 2\sum_{j=n+1}^{2n} Q_j$$

Usando este modelo, podemos calcular quantas maçãs apodreceram em cada estágio:

5 Propagação da podridão em maçãs

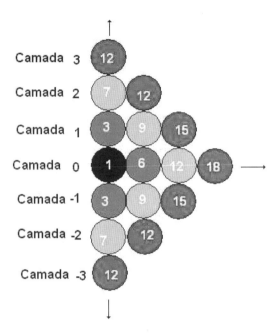

Figura 5.5- Propagação por camada

Observamos que esta dinâmica vale para até 7 estágios, quando as primeiras frutas contaminadas atingem as paredes da caixa. Assim, teremos um total de S_7 frutas podres no 7° estágio dado por:

$$S_7 = A_7 + 2(A_6 + A_5 + A_4) + 2(Q_7 + Q_6 + Q_5 + Q_4)$$

Considerando que

$$A_n = 1 + 3n(n+1)$$
$$Q_n = 3n^2 \Longrightarrow Q_{n+1} = A_n + 3n + 2$$

$\Longrightarrow S_7 = 1483$.

Salientamos que o "bolo" de maçãs podres que cresce até atingir as paredes é aproximadamente esférico.

Observação: Se tivermos uma esfera inscrita em um cubo, isto é, tangenciando todas as paredes do cubo, então a relação entre seus volumes é dada por:
Volume da esfera $V_e = \frac{4}{3}\pi r^3$;

5 Propagação da podridão em maçãs

Volume do cubo $V_c = (2r)^3 = 8r^3 \implies \frac{V_e}{V_c} = \frac{\pi}{6} \approx 0,5236$.

Considerando 7 estágios para as frutas contaminadas atingirem as paredes, então pressupõe-se que se tenha 2.996 frutas na caixa. Agora, pensando na propagação de maçãs podres como uma "esfera que se expande" com centro fixo, deveríamos ter para S_7 um valor da ordem de $0,5236 \times 2996 = 1568$, que não difere muito do valor encontrado pelo modelo (erro de $r = \frac{1568-1483}{2996} = 0.028$ ou $2,8\%$).

Dinâmica da propagação nos "cantos" da caixa

Se a propagação fosse contínua, este problema poderia ser resolvido geometricamente e teríamos várias situações interessantes para modelagem. Quando o primeiro círculo de expansão atinge as paredes, o seu raio é 7μ. O círculo de raio 8μ deve ser considerado somente uma parte, a que está interna às paredes da caixa (Figura 6.5).

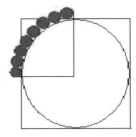

Figura 5.6 - Expansão dos círculos de maçãs em cada camada

O círculo interno tem área 49π μ^2. O círculo expandido tem área $a = 64\pi$ μ^2. O anel compreendido entre esses círculos tem área igual a $15\pi\mu^2$.

A área do círculo expandido que fica fora da caixa pode ser obtida considerando que sua equação é

$$x^2 + y^2 = 64$$

Suas intersecções com a reta $y = 7$ serão: $x^2 = 64 - 49 = 15 \implies x = \pm 3,873$. Portanto, a área do círculo externa à caixa pode ser dada por

$$2 \int_0^{3,873} \sqrt{64 - x^2}\, dx - R_8$$

Onde R_8 é a área do retângulo interno ao círculo, isto é, $R_8 = 7 \times 7,746 = 54,22$.

5 Propagação da podridão em maçãs

Considerando a mudança de variável $\begin{cases} x = 8sen\theta \\ y = 8\cos\theta \end{cases}$, na integral, podemos resolver

$$\int \sqrt{64-x^2}\,dx = \int (8\cos\theta)(8\cos\theta\,d\theta) = 64\int \cos^2\theta\,d\theta$$

Por outro lado,

$$\begin{cases} sen^2\theta + \cos^2\theta = 1 \\ \cos^2\theta - sen^2\theta = \cos 2\theta \end{cases} \Longrightarrow \cos^2\theta = \frac{1}{2}(1+\cos 2\theta)$$

Logo,

$$\int \cos^2\theta\,d\theta = \frac{1}{2}\int(1+\cos 2\theta)\,d\theta = \frac{1}{2}(\theta + \frac{1}{2}sen2\theta) = \frac{1}{2}(\theta + sen\theta\cos\theta)$$

Portanto,

$$2\int_0^{3,873} \sqrt{64-x^2}\,dx = 64\left[(arcsen\frac{x}{8} + \frac{1}{8}x\sqrt{1-\frac{x^2}{64}})\right]_0^{3,873}$$
$$= 64[(0,5+0,42)] = 59,09$$

Portanto, a área do círculo todo que está externa às paredes da caixa é 4 vezes a diferença entre a integral e a área do retângulo R_8:

$$T_8 = 4(59,09 - 54,22) = 19,48\mu^2$$

Temos que se todo o anel estivesse interno à caixa ele comportaria 48 maçãs, pois $M_8 = 6 \times 8$. Em termos de área, teríamos apenas 19,48 frutas a menos na dinâmica de contaminação para a primeira camada que atinge a parede. Entretanto, no espaço interno à caixa onde o anel está contido também existem espaços que não comportam nenhuma fruta.

Continuando o processo, no estágio $n = 9$, teremos

$$T_9 = 4(2\int_0^{5,657}\sqrt{81-x^2}\,dx - R_9) = 4(94,69 - 79,198) \approx 62\mu^2$$

Como $M_9 = 54 < 64$ não podemos usar este artifício de cálculo de áreas para estabelecer a dinâmica pretendida. Uma tentativa de "resolver" este problema é sim-

5 Propagação da podridão em maçãs

plesmente contar, em cada estágio $n \geq 8$, quantas maçãs são contaminadas, usando as figuras iniciais (Figura 5.2 e Figura 5.4).

A seguinte matriz mostra estes valores:

	E_0	E_1	E_2	E_3	E_4	E_5	E_6	E_7	E_8	E_9	E_{10}	E_{11}	E_{12}	E_{13}	Total
C_7	0	0	0	0	0	0	0	48	27	33	39	45	4	0	196
C_6	0	0	0	0	0	0	37	24	30	36	42	20	12	3	204
C_5	0	0	0	0	0	27	21	27	33	39	45	4	0	0	196
C_4	0	0	0	0	19	18	24	30	36	42	20	12	3	0	204
C_3	0	0	0	12	15	21	27	33	39	45	4	0	0	0	196
C_2	0	0	7	12	18	24	30	36	42	20	12	3	0	0	204
C_1	0	3	9	15	21	27	33	39	45	4	0	0	0	0	196
C_0	1	6	12	18	24	30	36	42	20	12	3	0	0	0	204
C_{-1}	0	3	9	15	21	27	33	39	45	4	0	0	0	0	196
C_{-2}	0	0	7	12	18	24	30	36	42	20	12	3	0	0	204
C_{-3}	0	0	0	12	15	21	27	33	39	45	4	0	0	0	196
C_{-4}	0	0	0	0	19	18	24	30	36	42	20	12	3	0	204
C_{-5}	0	0	0	0	0	27	21	27	33	39	45	4	0	0	196
C_{-6}	0	0	0	0	0	0	37	24	30	36	42	20	12	3	204
C_{-7}	0	0	0	0	0	0	0	48	27	33	39	45	4	0	196
Total	1	12	44	96	170	264	380	516	524	450	327	168	38	6	2996

Tabela 5.1: Total de maçãs podres em cada estágio e camada (modelo geométrico)

Nas linhas da Tabela 5.1 estão as camadas C_j e nas colunas as incidências nos estágios E_n, isto é, o número de novas frutas contaminadas em cada estágio.

Obs.: Consideramos na matriz 15 linhas ou camadas simplesmente para se ter uma matriz simétrica, daí a soma ter dado 2996 ≈ 3000 maçãs no total.

A quantidade total de maçãs podres em cada estágio, obtida com cálculos parciais anteriores, será denominada **modelo discreto-geométrico D_1** e aqui dado pelos valores:

$$S_n = \sum_{j=0}^{n} E_j = \{1, 13, 57, 153, 323, 587, 967, 1483, 2007, 2457, 2784, 2952, 2990, 2996\}$$

A Figura 5.7 a seguir mostra a propagação da doença em relação ao estágio n e a Figura 5.9 é o gráfico do total de frutas podres em cada estágio.

A transformação de estágio n em tempo é obtida considerando o seguinte dado: "em 12 dias 80% das frutas estão podres". Assim, 80% de 2.996 é 2.397 maçãs e esse

5 Propagação da podridão em maçãs

Figura 5.7 - Evolução da doença por estágios (casos novos)

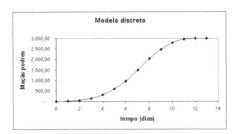

Figura 5.8 - Modelo geométrico da propagação (Modelo D_1)

valor é atingido entre os estágios 8 e 9 com $S_8 = 2007$ e $S_9 = 2457$. Nesse caso, cada estágio corresponde a $1,364\ dias$ e, portanto, $n = 8,8$ equivale a 12 dias.

Modelo discreto D_2 - Equação de diferenças

A vantagem da modelagem é que podemos, para um mesmo fenômeno, considerar modelos diversos e depois optar por aquele que parece mais coerente. Vamos considerar agora um modelo discreto supondo a mesma lei de formação usada no modelo contínuo: *"A velocidade de propagação da doença é proporcional à proximidade (encontro) entre maçãs sadias e contaminadas"*. Assim, considerando a variação discreta podemos formular o seguinte modelo:

$$S_{n+1} - S_n = kS_n(T - S_n) \tag{5.3.8}$$

onde, S_n é o total de frutas infectadas e T é o total de frutas no bin.

Tomando os valores do modelo geométrico-discreto anterior, podemos determinar o valor da taxa de infecciosidade k, considerando o valor médio de

$$k_n = \frac{S_{n+1} - S_n}{S_n(T - S_n)}$$

para $n \geqslant 3$. Obtemos, então, $k = 0,000311$

Os valores para S_t podem ser obtidos facilmente da fórmula de recorrência

$$\begin{cases} S_{n+1} = kS_n(T - S_n) + S_n \\ S_3 = 170 \end{cases} \tag{5.3.9}$$

Observamos que a fórmula de recorrência 5.4.8 é distinta da encontrada no modelo discreto-geométrico anterior D_1, mas os valores dos dois modelos são bem próximos

5 Propagação da podridão em maçãs

quando se toma $n \geqslant 3$.

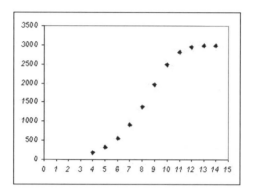

Figura 5.9 - Modelo discreto com equação de diferenças

5.3.1 Cálculo dos coeficientes de contaminação do modelo contínuo

Podemos melhorar a performance do modelo contínuo M_1 dado em 5.2.2 , cuja solução é $M(t) = \frac{KT}{K+e^{-\beta Tt}}$, desde que consideremos, por exemplo, como condição inicial $M(8) = 970$ em lugar de $M(0) = 1$. Assim teremos:

$$970 = \frac{KT}{K+e^{-8\beta T}} \Rightarrow K = \frac{970e^{-8\beta T}}{T-970}$$

Por outro lado, sabemos que $M(12) = 0,8T \Longrightarrow$

$$0,8T = \frac{KT}{K+e^{-12\beta T}} \Rightarrow K = 4e^{e^{-12\beta T}}$$

Das duas equações, tiramos que

$$(T-970) \times 4e^{e^{-12\beta T}} = 970e^{-8\beta T} \Longrightarrow e^{4\beta T} = 8,371 \Longrightarrow \beta T = 0,5312$$

Para o valor de K, temos:

$$K = 4e^{-12 \times 0,5312} = 0,006819$$

5 Propagação da podridão em maçãs

Temos que a solução geral do modelo contínuo $\mathbf{M}_2$ é

$$M(t) = \frac{20,456}{0,006819 + e^{-0,5312t}} \qquad (5.3.10)$$

$$0,8T = \frac{KT}{K + e^{-12\beta T}} \Rightarrow K = 4e^{e^{-12\beta T}}$$

A comparação visual entre os quatro modelos é dada na seguinte figura (Figura 5.10)

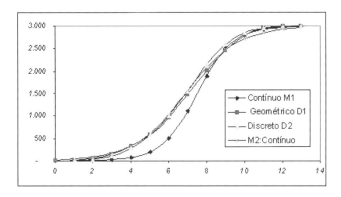

Figura 5.10- Comparação entre os 4 modelos

Podemos observar que o único modelo que difere mais dos outros é o primeiro modelo contínuo $\mathbf{M}_1$.

5.3.2 Outros modelos para crescimento nos primeiros estágios $(n \leq 7)$

Para a fase inicial do processo de propagação, quando as frutas infectadas ainda não atingiram as paredes da caixa, poderíamos pensar em modelos simples de equações de diferenças cujas soluções se aproximam razoavelmente dos valores S_n (total de fruta podre no estágio n) e E_n (total de novas infecciosas em cada estágio n), obtidos nos modelos discretos anteriores.

Consideramos a hipótese: *"O apodrecimento de novas maçãs, em cada estágio, é proporcional à quantidade de frutas podres no estágio anterior"*. Os modelos discretos que traduzem esta hipótese, tanto para S_n como para E_n, são:

5 Propagação da podridão em maçãs

$$\begin{cases} S_{n+1} - S_n = \alpha S_n \\ S_0 = 20 \end{cases} \quad \text{e} \quad \begin{cases} E_{n+1} - E_n = \gamma E_n \\ E_0 = 20 \end{cases}$$

As soluções explícitas desses modelos são obtidas facilmente por recorrência:

$$S_t = 20(1+\alpha)^t = 20e^{\ln(1+\alpha)t} \quad \text{e} \quad E_t = 20(1+\gamma)^t = 20e^{\ln(1+\gamma)t}$$

Para obter as taxas de crescimento α e γ usamos os valores, respectivamente, de S_n e de E_n dos modelos discretos anteriores, ajustando-os pelas funções exponenciais

$$S_t = 20,44e^{0,6406t} \Longrightarrow \ln(1+\alpha) = 0,6406 \Longrightarrow \alpha = 0,8976$$

e

$$E_t = 20,86e^{0,4822t} \Longrightarrow \ln(1+\gamma) = 0,4822 \Longrightarrow \gamma = 0,6196$$

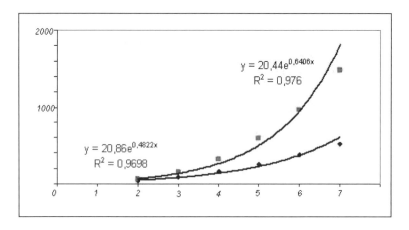

Figura 5.11 - Crescimento exponencial de S_n e E_n nos estágios iniciais

5.4 Modelo fuzzy

Como pode-se notar, a escolha do modelo matemático é determinante para se ter uma previsão de algum fato. Modelos determinísticos de um mesmo fenômeno podem prever resultados diferentes. Isso acontece invariavelmente porque nem sempre é possível dispor de todas as variáveis que atuam no fenômeno. Nesse sentido, por mais **exata** que seja a Matemática, por mais **determinísticos** que sejam os modelos,

5 Propagação da podridão em maçãs

sempre teremos soluções **aproximadas** de alguma realidade. Assim, o uso de uma matemática menos determinística e mais grosseira pode ser muitas vezes tão eficaz para previsões quanto as obtidas pelos processos clássicos. Não temos a pretensão de desenvolver neste livro toda a teoria subjetiva proveniente da lógica fuzzy, simplesmente queremos apresentar outras formas de modelagem matemática utilizadas no cotidiano, muitas vezes, de maneira intuitiva.

Vamos agora examinar o problema da transmissão de *podridão* em maçãs com o auxílio dos **conjuntos fuzzy e de uma base de regras** fornecida por especialistas (vamos considerar os dados do modelo contínuo M2 como auxiliares para a montagem da base de regras). O objetivo é fazer inferências sobre o estado de evolução da doença sem a ajuda de equações matemáticas e, em cada estágio, prever o seguinte, utilizando apenas uma fórmula de recorrência – um modelo obtido deste modo é denominado **modelo p-fuzzy**.

Um conjunto fuzzy é aquele que valoriza seus elementos, isto é, se $x \in A$, devemos conhecer também com que **grau de pertinência** x está em A. Dessa forma, um conjunto fuzzy A é dado pela sua função de pertinência φ_A. Por exemplo, se a quantidade de maçãs podres em uma caixa de 3.000 frutas é inferior a 10, dizemos que a "População de contaminadas é muito baixa"e denotamos por P_{bi}. Para o conjunto P_{bi}, podemos definir a função de pertinência de seus elementos por

$$\varphi_{P_{bi}}(x) = \frac{600-x}{600} \text{ se } 0 \leq x < 600 \text{ e } \varphi_{P_{bi}} = 0 \text{ caso contrário}$$

Definir funções de pertinência na forma triangular é muito comum nas aplicações da teoria fuzzy.

Conjuntos fuzzy para níveis de maçãs contaminadas

- População de contaminadas, **muito baixa** : P_{bi} , com $\varphi_{P_{bi}} = \frac{600-x}{600}$ se $0 \leq x < 600$ e $\varphi_{P_{bi}} = 0$ caso contrário;
- População de contaminadas, **baixa**: P_b, com $\varphi_{P_b} = \frac{x-300}{450}$ se $300 \leq x < 750$; $\varphi_{P_b} = \frac{1200-x}{450}$ se $750 \leq x < 1200$ e $\varphi_{P_b} = 0$ caso contrário;
- População de contaminadas, **média**: P_m, com $\varphi_{P_m} = \frac{x-900}{450}$ se $900 \leq x < 1350$; $\varphi_{P_m} = \frac{1800-x}{450}$ se $1350 \leq x < 1800$ e $\varphi_{P_m} = 0$ caso contrário;
- População de contaminadas, **média alta**: P_{ma}, com $\varphi_{P_{ma}} = \frac{x-1500}{500}$ se $1500 \leq x < 2000$; $\varphi_{P_{ma}} = \frac{2400-x}{400}$ se $2000 \leq x < 2400$ e $\varphi_{P_{ma}} = 0$ caso contrário;
- População de contaminadas, **alta**: P_a, com $\varphi_{P_a} = \frac{x-2200}{300}$ se $2200 \leq x < 2500$; $\varphi_{P_a} = \frac{2800-x}{300}$ se $2500 \leq x < 2800$ e $\varphi_{P_a} = 0$ caso contrário;

5 Propagação da podridão em maçãs

- População de contaminadas, **muito alta**: P_{at}, com $\varphi_{P_{at}} = \frac{x-2800}{200}$ se $2800 \le x < 3000$; $P_{at} = 1$ se $p \ge 3000$ e $P_{at} = 0$ se $x < 2800$.

As funções de pertinência dos subconjuntos fuzzy, usados para modelar a contaminação e aqui estabelecidos como funções

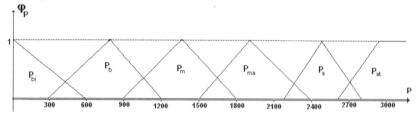

Figura - 5.12 - Funções de pertinência da contaminação de maçãs

Observamos que para cada valor de x a função de pertinência da densidade de infestação φ_P pode ser dada por até dois valores. Senão vejamos, seja x um valor dado no intervalo $[900, 1200)$. O processo de fuzzificação de x nos leva aos valores de φ_P:

Se $900 \le x < 1050$ então $\varphi_p(x)$ pode ser dada por $\varphi_{P_b}(x) = \frac{1200-x}{450}$ e por $\varphi_{P_m} = \frac{x-900}{450}$. Denotamos $\varphi_p(x)$ por $\left[\frac{1200-x}{450} \text{ baixa} + \frac{x-900}{450} \text{ média}\right] = \frac{1200-x}{450}/P_b + \frac{x-900}{450}/P_m$. Observamos que nessa notação, usada para conjuntos fuzzy discretos, o sinal + significa apenas que x tem graus de pertinência em dois conjuntos distintos, sendo $\frac{1200-x}{450}$ ao conjunto *"população de contaminadas,* **baixa**" e grau $\frac{x-900}{450}$ ao conjunto *"população de contaminadas,* **média**".

Por exemplo, se $x = 1000$, então $\varphi_{P_b}(1000) = \frac{200}{450} = 0,444$, isto é, 1.000 maçãs podres têm grau de pertinência $0,444$ no subconjunto fuzzy *contaminação baixa* P_b. Também, $\varphi_{P_m}(1000) = \frac{100}{450} = 0,222$ é o grau de pertinência de 1.000 ao subconjunto fuzzy *contaminação média* P_m. De maneira análoga, obtemos $\varphi_P(x)$ para outros valores de x.

Variação da população contaminada ou incidência da doença

Os subconjuntos fuzzy, modelados por funções de pertinência de *incidência da doença*, podem ser visualizados na figura 5.13:

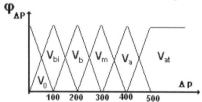

5 Propagação da podridão em maçãs

Figura 5.13- Funções grau de pertinência da variação de P

Denotamos por:

V_0 : incidência baixíssima;
V_{bi} : incidência muito baixa;
V_b : incidência baixa;
V_m : incidência média;
V_a : incidência alta;
V_{at} : incidência muito alta.

As funções graus de pertinência das *incidências de doenças* ΔP são dadas por:

Se $0 \leq \Delta p < 100$, então $\varphi_{\Delta P}(\Delta p) = \frac{100-\Delta p}{100}/V_0 + \frac{\Delta p}{100}/V_{bi}$;

Se $100 \leq \Delta p < 200$, então $\varphi_{\Delta P}(\Delta p) = \frac{200-\Delta p}{100}/V_{bi} + \frac{\Delta p-100}{100}/V_b$;

Se $200 \leq \Delta p < 300$, então $\varphi_{\Delta P}(\Delta p) = \frac{300-\Delta p}{100}/V_b + \frac{\Delta p-200}{100}/V_m$;

Se $300 \leq \Delta p < 400$, então $\varphi_{\Delta P}(\Delta p) = \frac{400-\Delta p}{100}/V_m + \frac{\Delta p-300}{100}/V_a$;

Se $400 \leq \Delta p < 500$, então $\varphi_{\Delta P}(\Delta p) = \frac{500-\Delta p}{100}/V_a + \frac{\Delta p-400}{100}/V_{at}$;

Se $500 \leq \Delta p$, então $\varphi_{\Delta P}(\Delta p) = 1/V_{at}$.

A base de regras fornece o entendimento do fenômeno e é da forma "SE... ENTÃO..."

Para o fenômeno analisado parece coerente a seguinte base de regras:

	SE	ENTÃO
1.	P_{bi}	V_{bi}
2.	P_b	V_m
3.	P_m	V_a
4.	P_{ma}	V_{at}
5.	P_a	V_a
6.	P_{at}	V_{bi}

Tabela 5.2

O método de inferência que vamos adotar aqui é o de Mandani, que dá como saída um conjunto fuzzy da forma

$$M(x,u) = \bigvee_{1 \leq j \leq n} \{A_j(x) \wedge B_j(u)\}$$

No nosso caso específico, este conjunto é bem simples de ser obtido.

5 Propagação da podridão em maçãs

No exemplo anterior tomamos $x = 1000$ maçãs podres que corresponde ao conjunto fuzzy $\varphi_p(1000) = 0,444/P_b + 0,222/P_m$. Pela inferência da Tabela 5.2, teremos como saída o conjunto fuzzy Δ_P, cuja função de pertinência é $\varphi_{\Delta_P}(u) = 0,444/V_m + 0,222V_a$. O que devemos fazer agora é defuzzificar este conjunto de incidência de doença, isto é, tomar alguma medida deste conjunto. Isso pode ser feito, por exemplo, considerando

$$\Delta_P(u) = \frac{\left[\varphi_{P_b}(x) \times \max\varphi_{V_m}\right] + \left[\varphi_{P_m}(x) \times \max\varphi_{V_a}\right]}{\varphi_{P_b}(x) + \varphi_{P_m}(x)} = \frac{0,444 \times 300 + 0,222 \times 400}{0,444 + 0,222} = 222$$

Então, pelas regras, quando tivermos 1.000 frutas podres, teremos no próximo estágio 1222 frutas podres. O modelo dinâmico proposto para previsão da doença é

$$\begin{cases} S_{n+1} = S_n + \Delta_n \\ S_0 = 1 \end{cases}$$

O processo iterativo pode ser feito à mão ou usando o Toolbox do Matlab e o resultado final de previsão ou solução pode ser visualizado na Figura 5.14

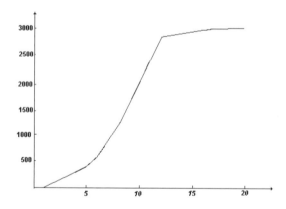

Figura 5.14- Solução do modelo fuzzy

Uma outra forma de contemplar subjetividades em sistemas dinâmicos é considerar os coeficientes e/ou condição inicial de uma equação diferencial como sendo números incertos, dados por subconjuntos fuzzy de $\mathbb{R}$. O modelo logístico M_1 com

5 Propagação da podridão em maçãs

taxa de contaminação fuzzy $\widehat{\beta}$ pode ser representado por:

$$\begin{cases} \frac{dP}{dt} = \beta PS = \widehat{\beta}P(T-P) \\ P_0 \text{ dado} \end{cases} \tag{5.4.1}$$

A solução de 5.4.1 é um conjunto fuzzy do plano, formado pelas soluções do sistema determinístico, em que cada elemento (solução determinística) tem o mesmo grau de pertinência do parâmetro determinístico de partida. Em outras palavras, em cada instante t a *solução* é dada por um intervalo em que cada ponto tem um grau de credibilidade de ser solução (veja Figura 5.15).

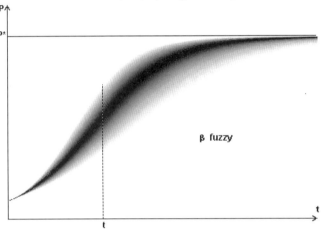

Figura 5.15- Solução equação diferencial fuzzy 5.4.1

5.4.1 Projetos

O mais interessante neste fenômeno estudado é que não se tem condições de saber qual modelo é o melhor. Seria necessário ter dados experimentais da propagação da doença para decidir essa questão. A modelagem nem sempre pressupõe que se tenha dados reais; a intuição ou bom senso pode guiar as formulações dos modelos. Do ponto de vista do ensino-aprendizagem de Matemática, o "melhor modelo" é secundário, pois sempre se pode fazer um melhor do que o anterior e sempre se pode imaginar situações diferentes para o mesmo fenômeno. Nesse sentido, deixamos alguns projetos tendo como cenário o mesmo objeto de estudo baseado na transmissão de doença em maçãs.

5 Propagação da podridão em maçãs

Projeto 1 Considere a distribuição das maçãs na caixa, com o mínimo contato possível entre elas (Figura 5.16), e faça um estudo completo da evolução da doença. Coloque a primeira maçã podre no centro da caixa.

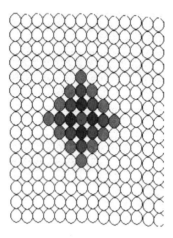

Figura 5.16- Distribuição com o mínimo de contato entre maçãs

As camadas sobrepostas podem ser consideradas também idênticas à camada central.

Projeto 2 Considere o mesmo fenômeno analisado no texto e no Projeto 1, tomando agora a primeira maçã podre num dos "cantos" da caixa.

5.4.2 Sobre empilhamento e empacotamento de bolas

Os problemas matemáticos provenientes do processo de empacotamento e empilhamento de bolas é bem antigo e sempre atraiu grandes pesquisadores. Em seu livro *De nive sexangula* ("Sobre os seis lados do floco de neve"), de 1611, Kepler insinua que o empacotamento em 3D mais adequado (otimizado) é semelhante ao processo efetuado com frutas "chacoalhas" numa caixa, tornando o espaço vazio o menor possível (o processo é denominado *face-centred cubic packing by crystallographers*). Esta proposição não foi elaborada por ele com qualquer precisão ou rigor matemático, mas passou a ser chamada de **Conjectura de Kepler** e mostrou ser extremamente difícil sua verificação.

5 Propagação da podridão em maçãs

O empacotamento hexagonal em 2D é bem mais simples, porém levou em torno de 300 anos para ser provado pelo matemático norueguês Axel Thue.

"Nenhum mosaico no plano, formado por discos que não se sobrepõem, tem densidade maior que o mosaico hexagonal" (Teorema de Thue)

A demora se deveu principalmente para se entender que uma asserção "óbvia" requer uma prova! Outro século se passou antes que uma prova fosse dada para 3D por Thomas Hale. Uma abordagem bastante interessante deste assunto o leitor pode encontrar em [13, 15]

No plano, podemos pensar em posicionamento dos círculos de densidades máxima e mínima.

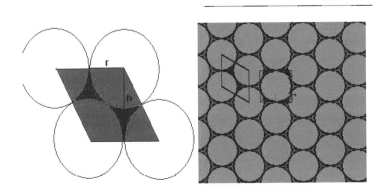

Figura 5.17-Posicionamento hexagonal

A densidade máxima é obtida quando a área da figura entre os círculos for a menor possível. No caso do posicionamento hexagonal, essa área vale $A_h = A_p - A_c$, onde, A_p é a área do paralelogramo, cujos vértices estão centrados em quatro círculos vizinhos e A_c é a área do círculo.

$$A_h = A_p - A_c = 2rh - \pi r^2 = 2r^2\sqrt{3} - \pi r^2 = r^2\left(2\sqrt{3} - \pi\right)$$

A densidade do espaço vazio é medida por $D_h = \frac{A_c}{A_h}$, ou seja,

$$\frac{1}{D_h} = \frac{r^2\left(2\sqrt{3} - \pi\right)}{\pi r^2} = \frac{2\sqrt{3}}{\pi} - 1 \qquad (5.4.2)$$

5 Propagação da podridão em maçãs

No caso de posicionamento quadrático, a área intercircular é dada por $A_q = A - A_c$, onde, A é a área do quadrado, cujos vértices são os centros de quatro círculos vizinhos (Figura 5.18)

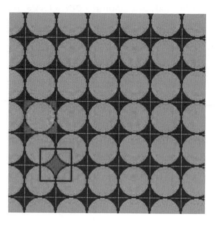

Figura 5.18-Posicionamento quadrático

$$\frac{1}{D_q} = \frac{A - A_c}{A_c} = \frac{4r^2 - \pi r^2}{\pi r^2} = \frac{4}{\pi} - 1 \tag{5.4.3}$$

É fácil observar que qualquer outro posicionamento de círculos no plano tem densidade compreendida entre D_q e D_h. Também é simples verificar que $D_q < D_h$, qualquer que seja o raio r do círculo:

$$\frac{1}{D_h} = \frac{2\sqrt{3}}{\pi} - 1 < \frac{4}{\pi} - 1 = \frac{1}{D_q} \implies D_q < D_h \tag{5.4.4}$$

Nos panfletos publicados por Kepler em 1611 também pode-se ver que o empilhamento de bolas era um tema de discussão da época (Figura 5.19)

5 Propagação da podridão em maçãs

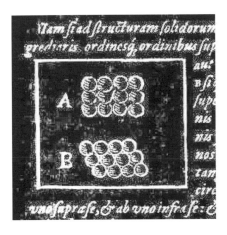 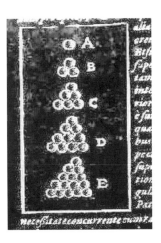

Figura 5.19-Panfleto publicado por Kepler em 1611

Curiosamente, este problema de empilhamento de bolas de canhão foi também tratado por Alpoim em seu livro *Exame de artilheiros*, de 1744 [14]. A história da Matemática escolar no Brasil é muito interessante e vários trabalhos foram realizados nos últimos anos, no sentido de trazer estas informações para um público maior.

Figura 5.20- Frontispício do livro de Alpoim

5 Propagação da podridão em maçãs

No livro de Alpoim, a solução é apresentada em casos particulares (exemplos) sem a preocupação de se dar uma fórmula geral.

Resolução do problema de empilhamento de bolas formando uma pirâmide de base triangular

O empilhamento de bolas pode ser encarado como um processo iterativo, conforme Figuras 5.21 e 5.22.

Figura 5.21 - Formação da base de uma pirâmide de lado 4 (4 bolas)

Se a "pirâmide" tem o lado da base formado por n bolas, então a base terá

$$B_n = n + (n-1) + ... + 2 + 1 = \sum_{j=1}^{j=n} j = \frac{n(n+1)}{2} \qquad (5.4.5)$$

A camada de bolas imediatamente superior à base terá $B_{n-1} = \sum_{j=1}^{j=n-1} j = \frac{(n-1)n}{2}$ bolas. E assim, sucessivamente até o "vértice" que terá uma bola (Figura 2.22).

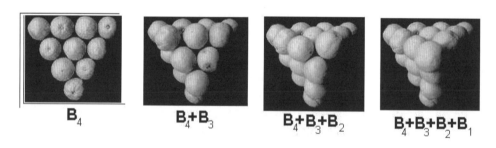

Figura 5.22 - Formação de uma pirâmide de bolas superpostas

A soma de todas as bolas empilhadas será

$$T = \sum_{j=1}^{n} B_j = \sum_{j=1}^{n} \frac{j(j+1)}{2} = \frac{1}{2} \sum_{j=1}^{n} (j + j^2) \qquad (5.4.6)$$

5 Propagação da podridão em maçãs

Para se ter uma fórmula geral, devemos antes determinar uma expressão para a soma de quadrados. Vamos mostrar que

$$\sum_{j=1}^{n} j^2 = \frac{n(n+1)(2n+1)}{6} \qquad (5.4.7)$$

é verdadeira.

De fato, se $n = 1$, então 5.4.7 vale;

Suponhamos válida para $n = k$, isto é, $\sum_{j=1}^{k} j^2 = \frac{k(k+1)(2k+1)}{6}$, vamos mostrar que vale para $n = k+1$

$$\sum_{j=1}^{k+1} j^2 = \sum_{j=1}^{k} j^2 + (k+1)^2 = \frac{k(k+1)(2k+1)}{6} + (k+1)^2 = \frac{(k+1)\left[2k^2 + k + 6k + 6\right]}{6}$$

$$= \frac{(k+1)(k+2)(2k+3)}{6} = \frac{(k+1)[(k+1)+1][2(k+1)+1]}{6}$$

Portanto, a fórmula 5.4.7 vale para todo $n \in \mathbb{N}$.

Agora podemos calcular o total de bolas de uma pirâmide:

$$T = \frac{1}{2}\sum_{j=1}^{n}(j + j^2) = \frac{1}{2}\left[\frac{n(n+1)}{2} + \frac{n(n+1)(2n+1)}{6}\right] = \boxed{\frac{1}{6}n(n+1)(n+2)} \qquad (5.4.8)$$

5.4.3 Bolas e pirâmide – um problema

Certa vez estava em Dourados (MT), em um Encontro de Matemática, e recebi, via e-mail de alguém que não conhecia, o seguinte problema:

"Empilhando bolas iguais de raio r, elas estarão contidas numa pirâmide regular de base triangular.

Determine o volume do espaço existente entre as bolas e as faces da pirâmide".

Mais tarde, perdi seu endereço e nem pude lhe responder e agradecer – ficam aqui meus agradecimentos a este amigo desconhecido. Na ocasião, não tinha ideia que esse problema também fazia parte da conjectura de Kepler e, intuitivamente, como fazem os feirantes para empilhar e expor suas laranjas, imaginei uma pilha de bolas conhecida dos químicos como "empilhamento cúbico de face centrada" *(face-centered cubic packing)*.

5 Propagação da podridão em maçãs

Parte da resolução do problema era encontrar a fórmula 5.4.8, pois uma "pirâmide de lado com n bolas" tem o volume dado por

$$V_{B_n} = \frac{4}{3}\pi r^3 \left[\frac{1}{6}n(n+1)(n+2)\right] \qquad (5.4.9)$$

Para determinarmos o volume de uma pirâmide que tangencia a "pirâmide de bolas", fazemos os cálculos passo a passo, também usando o processo iterativo, lembrando que o volume de uma pirâmide regular de base triangular é $V_P = \frac{1}{3}AH$ onde, A é a área da base e H a altura da pirâmide.

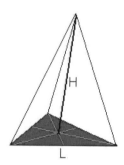

Figura 5.23 - Pirâmide de base triangular

(a) Começamos com apenas uma bola ($n = 1$), de raio r

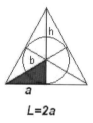

Figura 5.24 - Base da pirâmide de uma bola

Nesse caso, devemos ter

$$tg\alpha = \frac{1}{\sqrt{3}} = \frac{r}{a} \Longrightarrow a = \sqrt{3}r$$

5 Propagação da podridão em maçãs

Sejam H a altura da pirâmide e h a altura do triângulo da base, então

$$h^2 + a^2 = L_1^2 \implies h = a\sqrt{3} = 3r$$
$$b = \frac{2}{3}h \text{ e } h = \frac{\sqrt{3}}{2}L_1 \implies b = \frac{\sqrt{3}}{3}L_1$$
$$L_1^2 = H^2 + b^2 \implies H_1 = \sqrt{\frac{2}{3}}L_1 = \frac{\sqrt{6}}{3}L_1$$

com

$$L_1 = 2a = 2\sqrt{3}r$$

Portanto, o volume da pirâmide circunscrita à bola de raio r é dado por

$$V_{P_1} = \frac{1}{3}A_1 H_1 = \frac{1}{3}\left(\frac{1}{2}L_1 h\right)H_1 = \frac{1}{3}\left[\frac{1}{2}\frac{\sqrt{3}}{2}L_1^2\right]\sqrt{\frac{2}{3}}L_1 = \frac{\sqrt{2}}{12}L_1$$

Então, o volume em função do raio da bola é

$$V_{P_1} = \frac{\sqrt{2}}{12}\left[2\sqrt{3}r\right]^3$$

(b) Pirâmide com 4 bolas ($n = 2$):

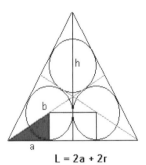

Figura 5.25 - Base da pirâmide de 4 bolas

5 Propagação da podridão em maçãs

$$b = \frac{2}{3}h \text{ e } h = \frac{\sqrt{3}}{2}L_2 \Longrightarrow b = \frac{\sqrt{3}}{3}L_2$$

$$A = \frac{1}{2}L_2 h = \frac{\sqrt{3}}{4}L_2^2$$

$$H^2 = L_2^2 - b^2 \Longrightarrow H = \sqrt{\frac{2}{3}}L_2$$

$$L_2 = 2a + 2r = 2\sqrt{3}r + 2r$$

Portanto,

$$V_{P_2} = \frac{1}{3}AH_2 = \frac{1}{3}\left(\frac{\sqrt{3}}{4}L_2^2\right)\sqrt{\frac{2}{3}}L_2 = \frac{\sqrt{2}}{12}L_2^3$$

ou

$$V_{P_2} = \frac{\sqrt{2}}{12}\left[2\sqrt{3}r + 2r\right]^3$$

(c) Pirâmide com 10 bolas ($n = 3$):

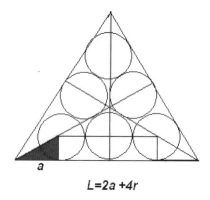

$L = 2a + 4r$

Figura 5.26-Base da pirâmide de 10 bolas

Neste caso,

$$L_3 = 2a + 4r = 2\sqrt{3}r + 4r$$

e, usando os mesmos argumentos anteriores, obtemos

$$V_{P_3} = \frac{\sqrt{2}}{12}\left[2\sqrt{3}r + 4r\right]^3$$

5 Propagação da podridão em maçãs

Uma fórmula geral do volume para uma pirâmide que tem n bolas no lado da base é, então (verifique por indução):

$$V_{P_n} = \frac{\sqrt{2}}{12}\left[2\sqrt{3}r + 2(n-1)r\right]^3 \qquad (5.4.10)$$

5.4.4 Relação entre volumes

Dado um valor fixo r do raio de cada bola, podemos ver facilmente que os volumes V_{B_n} e V_{P_n} aumentam com n (Figura 5.27):

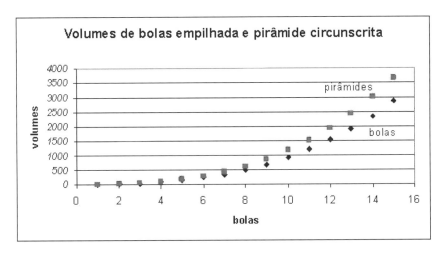

Figura 5.27 -
Tendência do crescimento dos volumes das bolas empilhadas e respectivas pirâmides circunscritas

A diferença entre os volumes $D_n = V_{P_n} - V_{B_n}$ está bem próxima de uma função exponencial, ou seja,

$$D_n = 0,4468 n^{2,7262}$$

5 Propagação da podridão em maçãs

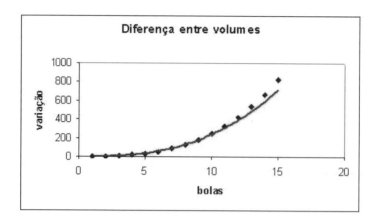

Figura 5.28 - Diferença entre os volumes[$V_{P_n} - V_{B_n}$]

A razão $R_n = \frac{V_{P_n}}{V_{B_n}}$ é bastante interessante, pois tende a se estabilizar com $n \to \infty$, isto é,

$$\lim_{n \to \infty} \frac{V_{P_n}}{V_{B_n}} = \lim_{n \to \infty} \frac{\frac{\sqrt{2}}{12}\left[2\sqrt{3}r + 2(n-1)r\right]^3}{\frac{4}{3}\pi r^3 \left[\frac{1}{6}n(n+1)(n+2)\right]}$$

$$= \lim_{n \to \infty} \frac{\frac{\sqrt{2}}{12}r^3\left[2\sqrt{3} + 2(n-1)\right]^3}{\frac{4}{3}\pi r^3 \left[\frac{1}{6}n(n+1)(n+2)\right]}$$

$$= \lim_{n \to \infty} \frac{\frac{\sqrt{2}}{12}\left[8n^3\right]}{\frac{4}{3}\pi\left[\frac{1}{6}n^3\right]} = \lim_{n \to \infty} \frac{\frac{\sqrt{2}}{12}8}{\frac{4}{3}\pi\left[\frac{1}{6}\right]} \simeq 1,35$$

O ponto de estabilidade pode ser obtido de maneira aproximada pelo método de Ford-Walford, ou seja,

$$\lim_{n \to \infty} R_n = k \Longrightarrow \lim_{n \to \infty} [R_n - R_{n-1}] = 0 \Longrightarrow R_n \approx R_{n-1} \text{ para n suficientemente grande}$$

Assim, se resolvermos o sistema

$$\begin{cases} R_n = f(R_{n-1}) \\ R_n = R_{n-1} \end{cases}$$

5 Propagação da podridão em maçãs

onde, f é uma função que ajusta os pares (R_{n-1}, R_n) fornecidos na Tabela 5.3, teremos o ponto de equilíbrio da equação

$$R_n^* = f(R_n^*)$$

n bolas	total bolas	V_{P_n} pirâmide	V_{B_n} bolas	D_n $V_{P_n} - V_{B_n}$	R_n $\frac{V_{P_n}}{V_{B_n}}$
1	1	4,90	4,19	0,71	1,170
2	4	19,23	16,76	2,47	1,147
3	10	49,01	41,89	7,12	1,170
4	20	99,90	83,78	16,13	1,192
5	35	177,56	146,61	30,96	1,211
6	56	287,65	234,57	53,08	1,226
7	84	435,82	351,86	83,96	1,239
8	120	627,73	502,66	125,07	1,249
9	165	869,03	691,15	177,88	1,257
10	220	1165,39	921,54	243,86	1,265

Tabela 5.3

Ajustando os valores entre R_n e R_{n-1}, $n \geqslant 2$, obtemos um bom ajuste com a equação da reta

$$R_n = 0,847 R_{n-1} + 0,2$$

A solução do sistema nos dá o ponto limite ou valor de estabilidade:

$$\begin{cases} R_n = 0,847 R_{n-1} + 0,2 \\ R_n = R_{n-1} = R^* \end{cases} \implies R^* = 1,307$$

Podemos, então, propor um modelo mais simples que aproxima a relação $R_n = \frac{V_{P_n}}{V_{B_n}}$.

5 Propagação da podridão em maçãs

n	R_n	$R^* - R_n$	Modelo
1	1,170	0,137	
2	1,147	0,160	1,14732
3	1,170	0,137	1,17188
4	1,192	0,115	1,19266
5	1,211	0,096	1,21025
6	1,226	0,081	1,22513
7	1,239	0,068	1,23772
8	1,249	0,058	1,24837
9	1,257	0,050	1,25739
10	1,265	0,042	1,26502

Tabela 5.4

Se considerarmos os valores $(R^* - R_n)$, podemos notar que se comportam satisfatoriamente como uma curva exponencial. Um ajuste neste sentido fornece

$$R^* - R_n = 0,223 e^{-0,167n}$$

Logo,

$$R_n = 1,307 - 0,223 e^{-0,167n}$$

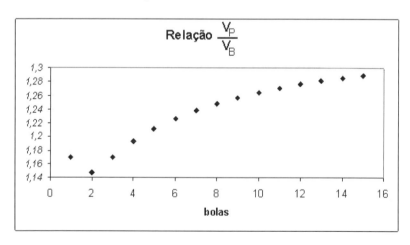

Figura 5.29 - Modelo de crescimento da razão $\dfrac{V_{P_n}}{V_{B_n}}$

5 Propagação da podridão em maçãs

Projetos:

1. Considere um tetraedro de lado fixo. Como deve ser a sequência dos raios $\{r_n\}_{n\in\mathbb{N}}$ das esferas (de volume máximo), encaixantes neste tetraedro? Supondo que n é a quantidade de bolas que formam o lado do triângulo da base.

Sugestão: Determine $r_n = g(L)$ por recorrência-

$$\text{Se } n = 1, r_1 = \frac{L}{2\sqrt{3}}$$
$$\text{Se } n = 2, r_2 = \frac{L}{2\sqrt{3}+2}$$
$$-----------$$
$$\text{Se } n = k, r_k = \frac{L}{2\sqrt{3}+2(k-1)}$$

Mostre que o volume das pirâmides formadas com o empilhamento destas bolas converge para $V_P = \frac{\sqrt{2}}{12}L$, quando $n \to \infty$.

2. Resolva o problema de difusão da doença ("podridão da maçã") quando a maçã podre inicial se encontrar num dos cantos da caixa (Figura 5.30)

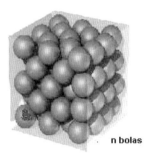

Figura 5.30-A doença começa num canto da caixa

3. Suponha uma caixa cúbica de lado fixo L. Como deve ser a sequência $\{S_n\}_{n\in\mathbb{N}}$ de esferas, de volume máximo, que se pode acondicionar nesta caixa? Veja Figura 5.31.

5 Propagação da podridão em maçãs

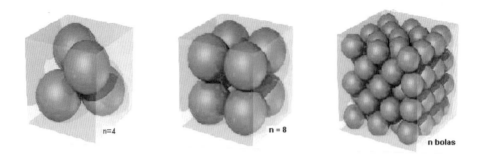

Figura
5.31-Acondicionamento de bolas de volume máximo numa caixa cúbica de lado fixo.

Obs.: Este problema desafio é bem difícil e muitos matemáticos já penaram com ele, mas não desanime antes, pelo menos os primeiros valores de n vale a pena resolver. Boa sorte!

6 Esporte

O tema **Esporte** foi desenvolvido por 3 cursistas (Cristiano Bezerra, Flávia Diniz e William Kfouri) num programa de Especialização para professores realizado na UFABC em 2008. Em sua monografia final, apresentaram o seguinte resumo: *"Este trabalho teve como objetivo investigar se a Modelagem Matemática seria uma alternativa viável para o ensino e aprendizagem de Matemática na Educação Básica, abordando o tema Esportes, dentre eles a corrida do 100 metros rasos e a maratona.*

Abordamos a evolução dos recordes mundiais, masculino e feminino, criando modelos que servem para prever as novas quebras. Também foi considerado o estudo cinemático da velocidade e aceleração dos atletas na corrida dos 100 metros. Durante o desenvolvimento deste curso, surgiram outras ideias e questionamentos em relação às idades dos atletas. Como modelo geométrico, foi muito interessante estudar o posicionamento inicial de cada atleta numa pista de corrida. Aproveitamos a Olimpíada de 2008, realizada na China, para testar nossos modelos.

Apresentamos também alguns caminhos que a Modelagem pode proporcionar para trabalhar com Matemática na sala de aula, baseados nos esportes de corrida, de modo diferente e atraente para os alunos. Procuramos eliminar o estigma de que a Matemática é considerada difícil por muitos, desinteressante por outros e até inacessível para a maioria"[18].

Atletismo, muito conhecido nos jogos olímpicos, é um conjunto de esportes que envolve as modalidades de corridas, saltos e lançamentos. As corridas mais praticadas são as de curta distância, como as de 100, 200 e 400 metros rasos; as de distância

6 Esporte

média, como 800 e 1.500 metros; as longas, como de 3.000, 5.000 e 10.000 metros e a maratona, que é a única modalidade esportiva originada de uma lenda (seu nome foi instituído como uma homenagem à antiga lenda grega do soldado ateniense Feidípedes, um mensageiro do exército de Atenas, que teria corrido cerca de 40 km entre o campo de batalha de Maratona até Atenas para avisar os cidadãos da cidade da vitória dos exércitos atenienses contra os persas e morrido de exaustão após cumprir a missão. É uma prova olímpica desde a primeira edição dos Jogos Olímpicos, em Atenas 1896. Sua distância atual de 42,195 km, oficializada em 1921, foi percorrida pela primeira vez em Londres em 1908. Os saltos mais praticados são os saltos em distância (simples e triplo) e em altura (simples e com vara). O lançamento é a modalidade do atletismo que consiste em lançar objetos o mais longe possível. As quatro provas de lançamento mais conhecidas são: lançamento de dardo, de disco, de martelo e arremesso de peso. Observamos que todas as modalidades do atletismo proporcionam material para se fazer modelagem matemática. Neste capítulo, faremos apenas algumas delas como exemplos: a corrida de 100 metros e o lançamento de pesos.

6.1 A corrida dos 100 metros

Modelos

Recorde Masculino: A primeira edição da corrida de 100 metros rasos ocorreu em 1896, nos jogos olímpicos de Atenas e, posteriormente, passou a ser a prova mais importante das corridas de velocidade. Dura em torno de 10 segundos e os vencedores são considerados os homens mais rápidos do mundo. No percurso de 100 metros um atleta dá, em média, 50 passos enquanto uma pessoa comum faz o mesmo percurso com o dobro de passos.

De 1908 a 2008 (cem anos), o recorde foi batido 19 vezes. Os anos em que se tem quebra de recorde estão cada vez mais próximos (Veja Tabela 6.1). Vamos mostrar inicialmente o estudo realizado com os recordes masculinos a partir do ano 1908. A Tabela 6.1 apresenta os recordes mundiais da corrida de 100 metros rasos com seus vencedores, suas nacionalidades, as datas e as localidades dos eventos.

6 Esporte

Atleta	País de origem	Local	Data	Ano	Recorde
Reginald Walker	África do Sul	Londres	22/julho	1908	10,8
Donald Lippincott	Estados Unidos	Estocolmo	06/junho	1912	10,6
Charles Paddock	Estados Unidos	Redlands	23/abril	1921	10,4
Percy Williams	Canadá	Toronto	09/agosto	1930	10,3
Jesse Owens	Estados Unidos	Chicago	20/junho	1936	10,2
Willie Williams	Estados Unidos	Berlim	03/agosto	1956	10,1
Armin Hary	Alemanha	Zurique	21/junho	1960	10,0
Jim Hines	Estados Unidos	Cidade do México	14/outubro	1968	9,95
Calvin Smith	Estados Unidos	Colorado Springs	03/agosto	1983	9,93
Carl Lewis	Estados Unidos	Seul	24/setembro	1988	9,92
Leroy Burrell	Estados Unidos	Nova York	14/junho	1991	9,90
Carl Lewis	Estados Unidos	Tóquio	25/agosto	1991	9,86
Leroy Burrell	Estados Unidos	Lausane	06/julho	1994	9,85
Donavan Bailey	Canadá	Atlanta	27/julho	1996	9,84
Maurice Greene	Estados Unidos	Atenas	16/junho	1999	9,79
Tim Montgomery	Estados Unidos	Paris	14/setembro	2002	9,78
Asafa Powel	Jamaica	Atenas	14/junho	2005	9,77
Asafa Powel	Jamaica	Rieti	09/setembro	2007	9,74
Usain Bolt	Jamaica	Nova York	31/maio	2008	9,72

Tabela 6.1: Dados sobre os recordes da corrida de 100 metros

Em 2008, tivemos a Olimpíada de Pequim o que motivou também a construção de modelos relacionados com os jogos olímpicos e especialmente com corridas. A Tabela 6.2 é um resumo da Tabela 6.1, onde consideramos uma mudança de variável para relacionar a época da quebra de recorde com um valor real mais simples. Consideramos como ano inicial 1908 e o relacionamos com o número 8, isto é, tomamos $n = y - 1900$, onde y é a época da quebra de recorde (consideramos simplesmente os valores inteiros dos anos, sem os respectivos meses, e no caso do recorde ser batido no mesmo ano, foi considerado somente o valor menor do tempo). Considerar os valores exatos das épocas de quebra de recorde pode ser um exercício interessante, por exemplo 27/07/1988 seria 88,787 - deixamos isto como um projeto para os interessados melhorarem nossos modelos.

A proposta inicial é procurar um modelo matemático que possa fornecer informações sobre a evolução dos tempos registrados nos recordes de uma corrida de 100

6 Esporte

metros.

Ano	ano*:n	Recorde:$R(n)$
1908	8	10,8
1912	12	10,6
1921	21	10,4
1930	30	10,3
1936	36	10,2
1956	56	10,1
1960	60	10,0
1968	68	9,95
1983	83	9,93
1988	88	9,92
1991	91	9,86
1994	94	9,85
1996	96	9,84
1999	99	9,79
2002	102	9,78
2005	105	9,77
2007	107	9,74
2008	108	9,72
16/08/08	108,85	9,69

Tabela 6.2 - Valores dos recordes mundiais da corrida de 100 metros rasos e o recorde de Usain Bolt em 16/08/2008.

Os dados da Tabela 6.2 podem ser visualizados numa curva de tendência (Figura 6.1)

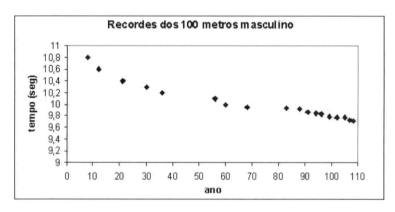

Figura 6.1 - Valores observados dos recordes da corrida de 100 metros rasos

Temos que a sequência de valores dos tempos de recordes é decrescente e, por outro lado, sabemos também que as limitações do ser humano não permitem que tal

6 Esporte

sequência tenda a zero. Logo, deve existir um limiar inferior para o tempo gasto em tal modalidade de corrida. Em outras palavras, se $\{R(n)\}_{n\in\mathbb{N}}$ é a sequência de tempos de recordes então $\{R(n)\}_{n\in\mathbb{N}} \to R^* > 0$. Usando o método de Ford-Walford (Figura 6.2), obtemos

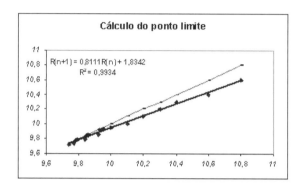

Figura 6.2- Método de Ford-Walford para determinar o valor limiar de um recorde

$$\begin{cases} R_{n+1} = 0,8111R_n + 1,8342 \\ R_{n+1} = R_n \end{cases} \implies R_{n+1} = R_n = R^* = 9,7099 \qquad (6.1.1)$$

Observamos que este estudo foi realizado em julho de 2008 e em agosto tivemos a Olimpíada de Pequim. Esta proximidade dos jogos olímpicos deu uma motivação maior ainda para o processo de modelagem que estava acontecendo no curso de Especialização e serviu para testar nossos modelos.

Consideramos a sequência formada pelos elementos $x_n = R_n - R^* = R_n - 9,7099 \implies \lim_{n\to\infty} x_n = 0$.

As características da sequência $\{R(n)\}_{n\in\mathbb{N}}$ nos leva a buscar um ajuste para a sequência $\{R(n) - 9,7099\}_{n\in\mathbb{N}}$ na forma exponencial, pelo menos como uma primeira aproximação e também por ser tal função um elemento de estudo importante no ensino médio.

6 Esporte

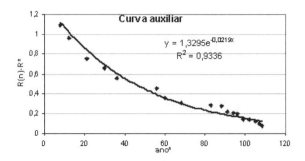

Figura 6.3 - Curva exponencial auxiliar para ajustar $\{R(n) - 9,7099\}_{n \in \mathbb{N}}$

Desta forma, obtemos um modelo do tipo exponencial assintótico para previsão de recordes

$$R(t) = 1,3295e^{-0,021t} + 9,7099 \qquad (6.1.2)$$
$$\text{com } t = a - 1900, \ a : ano$$

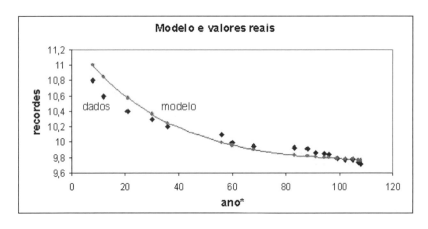

Figura 6.4 - Modelo de previsão e valores observados dos recordes dos 100 m rasos.

Em 16 de agosto de 2008, Usain Bolt bateu o recorde com um tempo de 9,69 segundos, o que contrariou nosso valor limite de 9s7099. Isso nos motiva a procurar melhorar o modelo de previsão considerado inicialmente. O leitor interessado pode ajustar melhor nosso modelo 6.1.2, usando também o recorde de Bolt. Em 16/08/2009, no Campeonato Mundial de Atletismo realizado no Estádio Olímpico de Berlim, Bolt

6 Esporte

bateu seu próprio recorde fazendo a corrida em 9s58 e prognosticou que o recorde nunca seria inferior a 9s4. Os demais tempos e atletas desta competição estão listados a seguir:

1. Usain Bolt- Jamaica: 9s58
2. Tyson Gay- Estados Unidos: 9s71
3. Asafa Powell- Jamaica: 9s84
4. Daniel Bailey- Antigua e Barbuda: 9s93
5. Richard Thompson- Trinidad e Tobago: 9s93
6. Dwain Chambers- Grã-Bretanha: 10s00
7. Marc Burns- Trinidad e Tobago: 10s00
8. Darvis Patton- Estados Unidos: 10s34

Projeto 2.1: Corrida dos 100 metros rasos – feminino: A primeira corrida de 100 metros rasos em jogos olímpicos para mulheres aconteceu em Amsterdã em 1928 e a partir de então os recordes foram se sucedendo. Os valores observados estão na Tabela 6.3:

Atleta	País de origem	Local	Ano	Recorde
Elisabeth Robinson	Estados Unidos	Amsterdã	1928	12,20
Stanislava Alasiewicz	Polônia	Los Ângeles	1932	11,90
Stanislava Alasiewicz	Polônia	Varsóvia	1934	11,70
Stanislava Alasiewicz	Polônia	Berlim	1937	11,60
Fanny Blankers-Koen	Holanda	Amsterdã	1948	11,50
Marjorie Jackson	Austrália	Helsinki	1952	11,40
Shirley Strickland	Austrália	Varsóvia	1955	11,30
Wilmar G. Rudolph	Estados Unidos	Stuttgart	1961	11,25
Wimia Tyus	Estados Unidos	Tóquio	1964	11,20
Irena K. Szewinska	Polônia	Praga	1965	11,10
Wimia Tyus	Estados Unidos	Colorado Springs	1968	11,08
Chi Cheng	China	Wenen	1970	11,00
Renate Stecher	Alemanha	Munique	1972	10,95
Renate Stecher	Alemanha	Ostrava	1973	10,90
Renate Stecher	Alemanha	Dresden	1973	11,80
Evelyn Ashford	Estados Unidos	Colorado Springs	1983	10,79
Evelyn Ashford	Estados Unidos	Zurique	1984	10,76
Florence Griffith	Estados Unidos	Indianápolis	1988	10,49

6 Esporte

Tabela 6.3: Recordes femininos mundiais na corrida de 100 metros

Exercício: Encontre modelos para previsões de recordes na corrida de 100 metros para mulheres.

(a) Faça inicialmente um modelo exponencial assintótico, seguindo os mesmos passos do modelo para homens, e compare as curvas de previsões de ambos.
Resposta:
$$R(n) = 10,29 + 3,37e^{-0,0221a}$$

(b) Faça um modelo exponencial assintótico e, no ajuste dos parâmetros, não utilize o recorde de Florence Griffith (10, 49s) e verifique qual modelo está mais coerente com os resultados de Pequim.

Modelos da dinâmica da corrida: A corrida de 100 metros rasos apresenta quatro fases características da prova (veja [20]):

(1) *Período de reação* que corresponde ao tempo de reação inicial do atleta – É o intervalo de tempo entre o tiro de partida e o momento em que o atleta deixa o bloco de partida. Um atleta leva, em média, 0, 18 segundos para iniciar a corrida após o disparo enquanto que uma pessoa normal levaria cerca de 0, 27 segundos. O atleta tem também um treino especial para a respiração: inspiram na largada, expiram e inspiram novamente na metade da corrida e só voltam a expirar outra vez no fim da corrida.

(2) Fase de aceleração positiva – Após a saída o corredor aumenta sua velocidade com o aumento da frequência e da amplitude das passadas, atingindo a velocidade máxima entre 43 e 60 metros, cerca de 6 segundos após a largada [20];

(3) Fase da velocidade constante – O corredor tenta manter a velocidade bem próxima da máxima e chega a correr de 20 metros a 30 metros nesta fase;

(4) Fase de aceleração negativa – Devido às próprias restrições do organismo, o atleta não consegue manter a velocidade máxima e começa a desaceleração. Isto ocorre nos 20 metros a 10 metros do final.

Em geral, uma corrida de 100m segue o seguinte esquema (Figura 6.5)

6 Esporte

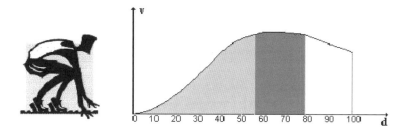

Figura 6.5 - Modelo de previsão e valores observados dos recordes dos 100m rasos.

As informações anteriores fornecem as características básicas de uma corrida de 100 metros. Devemos procurar um modelo matemático que traga embutidos estes dados.

Modelo 1

Começamos com um modelo mais simples e vamos usar as unidades *metro* para distância e *segundo* para o tempo. Os dados iniciais são:

Velocidade inicial $v_0 = v(0) = 0$ m/s e espaço inicial $s_0 = s(0) = 0$ m;

Consideramos as variáveis básicas da cinemática (espaço s, velocidade v e aceleração a) como funções do tempo:

$v = \dfrac{ds}{dt}$: velocidade é a variação do espaço por unidade de tempo $\Longrightarrow s(t) = \displaystyle\int v(t)dt$

$a = \dfrac{dv}{dt}$: aceleração é a variação da velocidade por unidade de tempo $\Longrightarrow v(t) = \displaystyle\int a(t)dt$

Com os dados de cada fase (Veja Figura 6.5) podemos pensar numa função para modelar a velocidade, do tipo

$$v(t) = \alpha t e^{-\beta t} \qquad (6.1.3)$$

Podemos observar que tal função 6.1.3 satisfaz: $v(0) = 0$ e $v(t) > 0$ se $t > 0$. Ainda,

$$a(t) = \dfrac{dv}{dt} = -\beta \alpha t e^{-\beta t} + \alpha e^{-\beta t} = \alpha e^{-\beta t}(-\beta t + 1) \qquad (6.1.4)$$

Logo, $v(t)$ tem um ponto de máximo para $t = \frac{1}{\beta}$, pois $a(t) > 0 \Leftrightarrow 0 \leqslant t < \frac{1}{\beta}$.

6 Esporte

O espaço percorrido num instante t é dado por:

$$s(t) = \int v(t)dt \int_0^t \alpha\tau e^{-\beta\tau}d\tau = \alpha\left[-\frac{1}{\beta}\tau e^{-\beta t}\Big|_0^t - \left(\int_0^t -\frac{1}{\beta}e^{-\beta\tau}d\tau\right)\right] \quad (6.1.5)$$

$$= \alpha\left[-\frac{1}{\beta}te^{-\beta t} - \left(\frac{1}{\beta^2}e^{-\beta\tau}d\right)_0^t\right] = -\frac{\alpha}{\beta}e^{-\beta t}\left(t+\frac{1}{\beta}\right) + \frac{\alpha}{\beta^2} = \frac{\alpha}{\beta^2}\left[-(\beta t+1)e^{-\beta t}+1\right]$$

Para o cálculo dos parâmetros α e β, vamos considerar as seguintes hipóteses:

H_1 : A velocidade é máxima (aceleração é nula) quando o atleta percorreu metade da prova, isto é, $s(t) = 50$.

De 6.1.4 temos

$$a(t) = 0 \Leftrightarrow t = \frac{1}{\beta} \Rightarrow s(\frac{1}{\beta}) = 50 = -\frac{\alpha}{\beta}e^{-1}\frac{2}{\beta} + \frac{\alpha}{\beta^2} = \frac{\alpha}{\beta^2}\left(-\frac{2}{e}+1\right)$$

Logo,

$$\alpha = \frac{50}{1-\frac{2}{e}}\beta^2 \Longrightarrow \alpha = \frac{50}{1-\frac{2}{e}}\beta^2 = 189,237\beta^2 \quad (6.1.6)$$

H_2 : O tempo gasto na corrida é de 10 segundos, isto é, $s(10) = 100$.

De 6.1.5, obtemos

$$100 = -\frac{50}{1-\frac{2}{e}}e^{-10\beta}(10\beta+1) + \frac{50}{1-\frac{2}{e}} \Longrightarrow$$

$$-e^{-10\beta}(10\beta+1)+1 = \frac{100}{189,237} \Longrightarrow$$

$$e^{-10\beta}(10\beta+1) = 0,4716 \Longrightarrow \beta = 0,1771 \; (verifique)$$

Substituindo o valor de $\beta = 0,1771$ em 6.1.6, obtemos $\alpha = 5,9286$ e com estes valores temos os modelos de $s(t)$, $v(t)$ e $a(t)$

6 Esporte

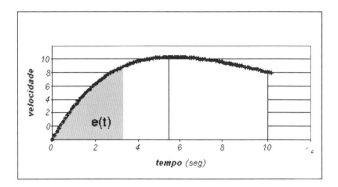

Figura 6.6 - Velocidade do atleta numa corrida de 100 metros

Salientamos que a área da figura limitada pela curva $v = v(t)$ e pela reta $t = \mathbf{t}$ é o espaço percorrido $s(\mathbf{t})$ (Veja Fig. 6.6). Nesse modelo, a velocidade máxima v_M é atingida quando $t = \frac{1}{\beta} = 5,646$, ou seja, $v_M = 12,315 m/s$ ou $44,334$ km/h.

O gráfico da curva $s = s(t)$ é dado pela Figura 6.7,

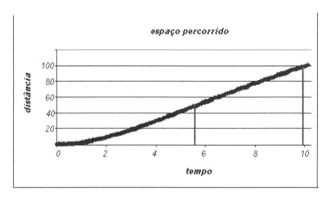

Figura 6.7 - Espaço percorrido pelo atleta em cada instante

Pelo gráfico da curva da aceleração, pode-se ver bem suas propriedades.

6 Esporte

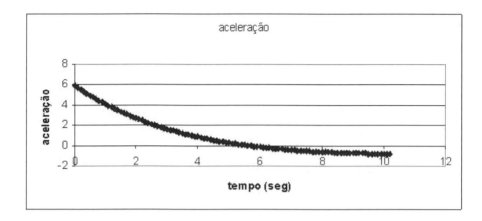

Figura 6.8 - Aceleração do atleta na corrida de 100 metros

Projeto: Considere os dados das corridas onde Bolt bateu seus recordes (Figura 6.9) e refaça os modelos próprios deste atleta.

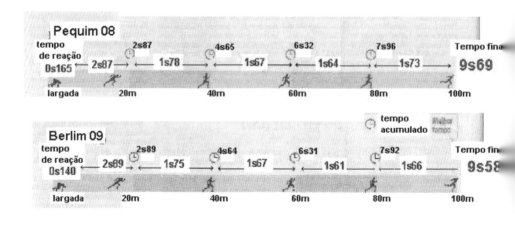

Figura 6.9-Valores observados dos recordes das corridas de Pequim e Berlim

Performance numa corrida de 100 metros e a idade dos atletas: Em um curso de Especialização, quando se escolhe um determinado tema para trabalhar com modelagem, procura-se verificar todas as possibilidades de relacionamento entre as variáveis. No caso específico das corridas, os cursistas, motivados com os resultados obtidos com a corrida de 100 metros rasos, procuraram verificar a existência de uma relação significativa entre a performance dos corredores e suas idades. A questão que se colocou foi: "existe uma idade ideal para superar o recorde mundial numa corrida de 100 metros?"

A hipótese de que em cada faixa etária o desenvolvimento do atleta é diferenciado surgiu do fato de que existem várias categorias e normas para as competições:

·Categoria Pré-Mirim: atletas com 11 ou 12 anos, no ano da competição;
·Categoria Mirim: atletas com 13 e 14 anos, no ano da competição;
·Categoria Menor ou Youth: atletas com 15,16 ou 17 anos, no ano da competição;
·Categoria Juvenil ou Júnior: atletas com idades compreendidas entre 16 e 22 anos, no ano da competição;
·Categoria Adulto ou Sênior: atletas com 16 anos ou mais, no ano da competição;
·Categoria Veterano ou Master: atletas com mais de 36 anos, no ano da competição. Esta categoria é ainda subdividida: M40 (36 a 40 anos), M45 (41 a 45 anos), M50 (46 a 50 anos) etc. Não há competições oficiais com menores de 10 anos.

6 Esporte

Idade	Tempo T_1	Tempo T_2	Tempo T_3	Tempo T_4	Média	Média móvel
13 a 14	12,01	12,42	12,50	11,20	12,03	12,03
15	11,02	11,18	11,28	12,75	11,56	11,80
16	10,23	10,06	11,05	11,71	10,90	11,50
17	10,52	10,96	11,06	11,27	10,95	11,40
18	9,97	10,01	10,71	11,51	10,55	10,80
19	10,07	10,39	10,59	11,00	10,51	10,67
20	9,92	10,03	10,10	10,82	10,22	10,43
21	9,85	10,03	10,42	10,53	10,21	10,31
22	9,69	9,85	9,92	10,22	9,92	10,12
23	9,69	9,85	9,92	10,22	9,92	10,02
24	9,79	9,99	10,04	10,60	10,11	9,98
25	9,72	9,77	10,01	10,55	10,01	10,01
26	9,88	9,96	10,02	10,50	10,09	10,07
27	9,95	10,01	10,57	11,15	10,42	10,17
28	9,84	9,92	10,00	10,48	10,06	10,19
29	10,02	10,45	10,60	10,76	10,46	10,31
30	9,86	10,02	10,14	10,41	10,11	10,21
31	10,06	10,08	10,19	10,54	10,22	10,26
32	10,02	10,07	10,57	11,01	10,42	10,25
33	10,32	10,40	10,55	11,05	10,58	10,41
34	10,40	11,02	10,33	10,36	10,53	10,51
35	11,20	10,80	11,80	10,33	11,03	10,71
36 a 40	11,20	11,50	10,09	10,60	10,85	10,80
41 a 45	12,04	11,50	10,90	12,00	11,61	11,16
46 a 50	12,40	13,00	14,00	15,00	13,60	12,02
51 a 55	12,40	12,90	14,00	13,20	13,13	12,78
56 a 60	16,00	16,00	17,00	16,00	16,25	14,33
61 a 65	15,40	14,30	17,00	18,00	16,18	15,19
66 a 70	17,50	18,20	18,90	20,00	18,65	17,03

Tabela 6.4 - Tempos de atletas vencedores dos 100 metros em várias idades
Fonte: Caderno Didático da IAAF (Intern. Association Ath. Federations)

A Tabela 6.4 fornece os tempos de atletas de elite, vencedores da prova em várias categorias.

6 Esporte

Na corrida de 100 metros, o desempenho atlético depende de vários fatores: força de explosão, potência, resistência física, habilidade, controle emocional, massa muscular, capacidade respiratória e resistência. Os corredores Mirim e Youth ainda não possuem massa muscular suficiente para uma grande arrancada, ao passo que os velocistas veteranos perderam boa parte da resistência física e potência. Estabeleceu-se que o período que o atleta velocista consegue um melhor desempenho é entre 23 e 30 anos. Uma curva de tendência com valores da Tabela 6.4 mostra que, se considerarmos a idade entre 12 a 70 anos, então o tempo médio da prova diminui com a idade até uma região de mínimo e depois aumenta (Figura 6.10)

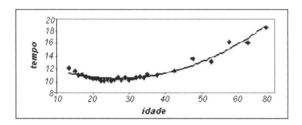

Figura 6.10- Curva de tendência do tempo de uma corrida de 100 metros e a idade do atleta

Um ajuste dos pontos por uma função quadrática nos dá

$$T(a) = 0,0052a^2 - 0,2796a + 14,032 \qquad (6.1.7)$$
$$R^2 = 0,9589$$

A função 6.1.7 é uma parábola que passa por um mínimo quando

$$\frac{dT}{da} = 0,0104a - 0,2796 = 0 \Longrightarrow a = 26,88$$

Então, podemos dizer que, pelo nosso modelo (neste caso, apenas um ajuste de pontos), a idade ideal para esta corrida está em torno de 26 anos e 11 meses. Salientamos que, neste caso, a precisão matemática do resultado não é coerente com o fenômeno estudado. De fato, podemos melhorar o resultado se considerarmos uma média móvel de tempos de corrida para velocistas com menos de 30 anos. A Figura 6.11 mostra que a curva de tendência se aproxima bem melhor dos valores observados ($R^2 = 0,9864$).

6 Esporte

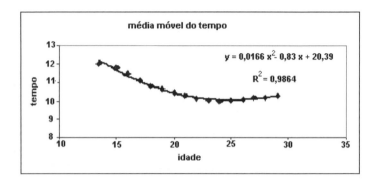

Figura 6.11- Ajuste da média móvel dos tempos pela idade dos velocistas

Consideramos a média móvel das médias dos tempos (7ª coluna da Tabela 6.4), calculada com 3 elementos, isto é,

$$MT_i = \frac{1}{3}\left(\sum_{i-2}^{i} T_i\right), \; i \geq 3$$

Um ajuste quadrático dos pontos da média móvel dá

$$T(a) = 0,0166a^2 - 0,83a + 20,39$$

Neste caso, o ponto de mínimo é obtido de

$$\frac{dT}{da} = 0,0332a - 0,83 \Longrightarrow a = 26,5.$$

Um modelo real obtido através do desenvolvimento fisiológico de um indivíduo poderia ser mais interessante, mas, obviamente, seria muito mais complicado!

6.2 Arremesso de pesos

Boa parte deste tema foi desenvolvido num trabalho de conclusão de curso do Programa Profmat orientado por nós no polo de Santo André em 2013 [26].

O arremesso de peso consiste em arremessar uma esfera de metal o mais longe possível. A bola oficial masculina tem massa de 7,26 kg e é geralmente feita de bronze ou ferro fundido e chumbo, e possui cerca de 12 cm de diâmetro. Na categoria feminina tem massa de 4 kg exatos, sendo esta um pouco menor.

6 Esporte

O arremessador tem uma área restrita circular de diâmetro 2,135 m (7 pés) para se locomover; no início do lançamento, a esfera deve estar colocada entre o ombro e o pescoço do atleta e ser lançada com as pontas dos dedos, e não com a palma da mão. Durante o lançamento, o atleta deve rodar sobre si mesmo e lançar (técnica com giro).

A marca obtida em cada lançamento é medida a partir do primeiro lugar onde o peso bater no chão; em competições oficiais, se houver até oito competidores participando, cada atleta tem direito a seis lançamentos. Quando há mais de oito, cada um tem direito a três lançamentos e somente os oito primeiros fazem mais três lançamentos.

A sua posição na classificação é determinada pela distância obtida no maior arremesso válido.

Como no caso da corrida de 100 metros podemos também, neste caso, estudar a evolução dos recordes nesta modalidade de esporte. A Tabela 6.5 nos dá os recordistas e suas marcas:

Atleta	País	Ano	Recorde
Ralph Rose	EUA	1909	15,54
Emil Hirscheld	Alemanha	1928	15,79
Jonh Kuck	EUA	1928	15,87
Emil Hirscheld	Alemanha	1931	16,04
Zygmund Leljasz	Polônia	1932	16,05
Leo Sexton	EUA	1932	16,16
Frantiek Douda	Tchecoslováquia	1932	16,20
Jonh Lyman	EUA	1934	16,48
Jack Torrance	EUA	1934	16,89
Jack Torrance	EUA	1934	17,40
Charles Fonville	EUA	1948	17,68
James Fucks	EUA	1949	17,79
James Fucks	EUA	1950	17,82
James Fucks	EUA	1950	17,95

6 Esporte

Atleta	País	Ano	Recorde
Parry O'Brien	EUA	1953	18,00
Parry O'Brien	EUA	1953	18,04
Parry O'Brien	EUA	1954	18,43
Parry O'Brien	EUA	1954	18,54
Parry O'Brien	EUA	1956	18,69
Parry O'Brien	EUA	1956	19,06
Parry O'Brien	EUA	1956	19,25
Parry O'Brien	EUA	1959	19,30
Dallas Long	EUA	1960	19,38
Bill Nieder	EUA	1960	19,45
Dallas Long	EUA	1960	19,67
Bill Nieder	EUA	1960	19,99
Bill Nieder	EUA	1960	20,06
Dallas Long	EUA	1962	20,08
Dallas Long	EUA	1964	20,20
Dallas Long	EUA	1964	20,68
Randy Matson	EUA	1965	21,52
Randy Matson	EUA	1967	21,78
Al Feuerbach	EUA	1973	21,82
Terry Albritton	EUA	1976	21,85
Aleksandr Baryshnikov	URSS	1976	22,00
Udo Beyer	Alem. Oriental	1978	22,15
Udo Beyer	Alem. Oriental	1983	22,22
Ulf Timmerman	Alem. Oriental	1985	22,62
Udo Beyer	Alem. Oriental	1986	22,64
Alessandro Andrei	Itália	1987	22,72
Alessandro Andrei	Itália	1987	22,84
Alessandro Andrei	Itália	1987	22,91
Ulf Timmerman	Alem. Oriental	1988	23,06
Randy Barnes	EUA	1990	23,12

Tabela 6.5- Recordes mundiais masculinos no arremesso de peso

Para simplificar nosso modelo, sem perder muito a generalidade, vamos considerar somente um recorde em cada ano. Nos anos em que foi batidos mais de um recorde, consideramos o valor maior (poderia ser considerado também o menor valor ou a

6 Esporte

média entre eles – isto não faria muita diferença no modelo final). Também devemos usar o tempo transcorrido entre os recordes em vez dos anos em que foram batidos. Assim, o primeiro ano considerado 1909 será o tempo 0 (zero). As 3 primeiras colunas da Tabela 6.6 mostram estes requisitos:

Tempo	Ano	Marca maior y(n)	y(n+1)	curva auxiliar y*- y(n)	Modelo y(t)
0	1909	15,54			
19	1928	15,87			
22	1931	16,04			
23	1932	16,2			
25	1934	17,4			
39	1948	17,68			
40	1949	17,79			
41	1950	17,95			
44	1953	18,04			
45	1954	18,54			
47	1956	19,25			
50	1959	19,3	20,06	4,16864	20,771975
51	1960	20,06	20,08	3,40864	20,879784
53	1962	20,08	20,68	3,38864	21,082646
55	1964	20,68	21,52	2,78864	21,269611
56	1965	21,52	21,78	1,94864	21,357526
58	1967	21,78	21,82	1,68864	21,522951
64	1973	21,82	22	1,64864	21,945436
67	1976	22	22,15	1,46864	22,120918
69	1978	22,15	22,22	1,31864	22,226524
74	1983	22,22	22,62	1,24864	22,455742
76	1985	22,62	22,64	0,84864	22,535112
77	1986	22,64	22,91	0,82864	22,572433
78	1987	22,91	23,06	0,55864	22,608262
79	1988	23,06	23,12	0,40864	22,642659
81	1990	23,12		0,34864	22,707383

Tabela 6.6- Dados simplificados dos recordes e mecanismo de elaboração do modelo

Podemos visualizar melhor as novas marcas do arremesso de peso com um gráfico de tendências de recordes (Figura 6.12).

6 Esporte

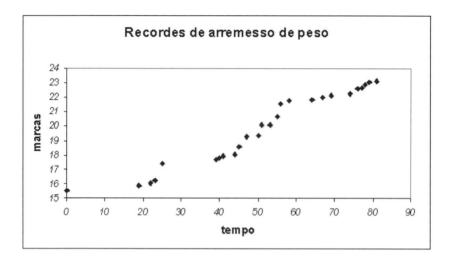

Figura 6.12- Marcas dos recordes mundiais de arremesso de peso.

Uma tentativa de obter o valor limite do recorde é procurar a estabilidade da marca considerando apenas os valores a partir do ano 1959 (n=50), ou seja, 50 anos depois da primeira marca registrada. Para o ajuste da curva $y_{n+1} = f(y_n)$ tomamos a reta (Figura 6.13)

$$y_{n+1} = 0,8517 y_n + 3,4804$$

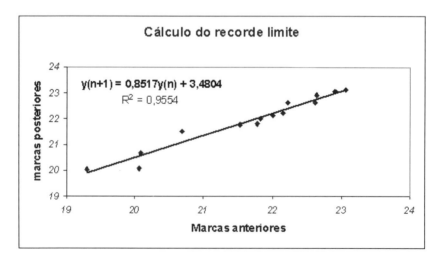

Figura 6.13 - Ajuste linear dos pontos y_{n+1} e y_n

6 Esporte

O valor limite y^* é obtido ao resolver o sistema

$$\begin{cases} y_{n+1} = 0,8517y_n + 3,4804 \\ y_{n+1} = y_n \end{cases}$$

que é o mesmo que resolver a equação

$$y^* = 0,8517y^* + 3,4804$$

Logo, $y^* = 23,47m$.

Se tivéssemos tomado todos os pontos desde 1909, então o valor limite obtido seria $y^* = 28,287m$.

O modelo mais simples de uma função crescente e limitada é o modelo exponencial assintótico. Para obter tal modelo, usando apenas o Excell, necessitamos de uma curva auxiliar exponencial que ajusta os valores $y^* - y_n$ dados na quarta coluna da Tabela 6.6. O ajuste exponencial de $y^* - y_n$ e t é dado por

$$y^* - y = 29,463e^{-0,0467t}$$

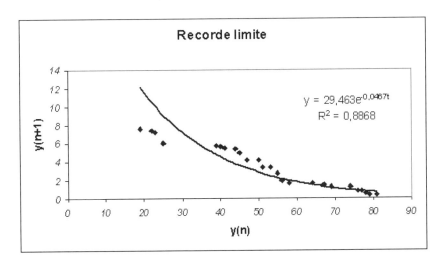

Figura 6.14-Ajuste exponencial dos valores y^{-y}

Assim, o modelo de recordes de arremesso de pesos é dado por

$$y(t) = 23,47 - 29,463e^{-0,0467t} \quad \text{com } t \geq 50.$$

6 Esporte

Observação: Nos modelos de previsão para recordes que realizamos, tanto para a corrida de 100 metros como para o arremesso de pesos, os resultados não foram muito satisfatórios. O motivo desse baixo desempenho pode ter sido causado por termos utilizando modelos muito simples para fenômenos complexos que dependem, em outras coisas, da evolução dos atletas e das técnicas de aprimoramento ao longo do tempo. O modelo exponencial assintótico, cuja solução é dada por

$$y(t) = y^* - (y^* - y_0)e^{-kt}$$

pressupõe que "a variação das marcas seja proporcional à diferença entre o valor limite e o recorde, em cada instante", isto é,

$$\begin{cases} \frac{dy}{dt} = k(y^* - y) \\ y(0) = y_0 \end{cases}$$

Acreditamos que modelos mais adequados para previsões de recordes sejam os modelos de crescimento inibido com parâmetros dependentes do tempo, tais como:

$$\begin{cases} \frac{dy}{dt} = k(t)(y^* - y) \\ y(0) = y_0 \end{cases} \tag{6.2.1}$$

onde $k(t)$ é uma função positiva.

A solução de 6.2.1 é obtida separando as variáveis e integrando,

$$\int \frac{1}{y^* - y} dy = \int k(t)dt \Longrightarrow -\ln(y^* - y) = \int k(t)dt$$

donde

$$y = y^* - Ce^{-\int k(t)dt}$$

Ângulo de lançamento: As técnicas de aprimoramento do atleta em qualquer modalidade esportiva são fundamentais para seu desempenho. No caso do arremesso de peso, alguns fatores são condicionantes para se atingir uma distância máxima, força aplicada e seu tempo de aplicação, velocidade imposta à esfera no arremesso (v_0), ângulo de lançamento (θ), altura de liberação (h) e fatores aerodinâmicos.

Para modelar o movimento do implemento (esfera) nos arremessos de peso, vamos inicialmente considerar a esfera como um ponto material que se move no plano e que a única força que atua nesse corpo, quando lançado até chegar ao solo, é a força gravitacional suposta constante e apontando sempre para baixo.

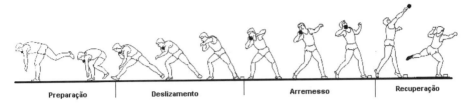

Sequência completa do arremesso de peso (Fonte: Google)

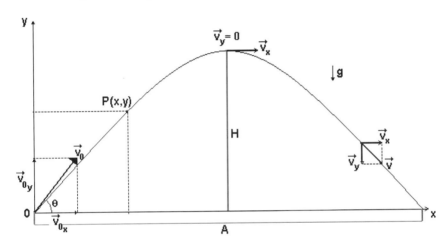

Figura 6.15 - Trajetória da esfera num arremesso de peso

Sejam $P(x,y)$ as coordenadas cartesianas da posição da esfera depois de lançada do ponto $(0,0)$; $\vec{r} = x\vec{i} + y\vec{j}$ o seu vetor posição; $\vec{v}_0$ a velocidade que a esfera sai da mão do atleta e θ o ângulo que $\vec{v}_0$ faz com o eixo das abcissas.

No instante $t = 0$ temos $\vec{r}_0 = 0$ e $\vec{v} = \vec{v}_0$. A velocidade inicial $\vec{v}_0$ pode ser escrita como $\vec{v}_0 = \vec{v}_{x_0} + \vec{v}_{y_0} = v_{x_0}\vec{i} + v_{y_0}\vec{j}$, onde $v_{x_0} = v_0\cos\theta$ e $v_{y_0} = v_0 sen\theta$.

Quando a esfera sai da mão do atleta, a única força que atua sobre ela é a força gravitacional

$$\vec{F} = -mg\vec{j}$$

e, pela segunda lei de Newton,

$$\vec{F} = m\vec{a} = m\frac{d^2\vec{r}}{dt^2}$$

6 Esporte

e, portanto,
$$m\frac{d^2\vec{r}}{dt^2} = -mg\vec{j}$$

e como $m > 0$, temos
$$\frac{d^2\vec{r}}{dt^2} = -mg$$

Integrando membro a membro, obtemos
$$\vec{v}(t) = \frac{d\vec{r}}{dt} = K - gt\vec{j}$$

como $\vec{v}(0) = \vec{v}_0 \Longrightarrow K = \vec{v}_0$. Logo,
$$\frac{d\vec{r}}{dt} = \vec{v}_0 - gt\vec{j}$$

e, portanto,
$$\int d\vec{r} = \int \left(\vec{v}_0 - gt\vec{j}\right) dt \iff \vec{r}(t) = \vec{v}_0 t - \frac{1}{2}gt^2\vec{j} + C$$

Agora, usando a condição inicial $\vec{r_0} = 0$, obtemos
$$\vec{r}(t) = \vec{v}_0 t - \frac{1}{2}gt^2\vec{j} = v_{x_0}\vec{i} + v_{y_0}\vec{j} - \frac{1}{2}gt^2\vec{j} = v_{x_0}\vec{i} + \left(v_{y_0} - \frac{1}{2}gt^2\right)\vec{j}$$

com $\begin{cases} v_{x_0} = v_0 \cos\theta \\ v_{y_0} = v_0 \operatorname{sen}\theta \end{cases}$.

As componentes do vetor posição $\vec{r}(t)$ nos dão a distância atingida na horizontal e a altura da esfera em cada instante t para $t \geq 0$, ou seja, quando a esfera atinge o solo temos $y(t) = 0$ para $t > 0$. A distância obtida num arremesso é, pois, dada quando

$$(v_0 \operatorname{sen}\theta) t - \frac{1}{2}gt^2 = 0 \Longrightarrow t = \frac{2v_0 \operatorname{sen}\theta}{g} \qquad (6.2.2)$$

Substituindo 6.2.2 em $x(t)$, obtemos a distância atingida a partir da origem

$$x(t) = (v_0 \cos\theta) t = v_0 \cos\theta \frac{2v_0 \operatorname{sen}\theta}{g} = v_0^2 \frac{\operatorname{sen}2\theta}{g}$$

6 Esporte

As equações

$$\begin{cases} x(t) = (v_0 \cos\theta)t \\ y(t) = (v_0 \, sen\theta)t - \frac{1}{2}gt^2 \end{cases} \quad (6.2.3)$$

mostram que a trajetória da esfera é uma parábola. De fato, igualando t nas equações de 6.2.3, obtemos

$$y = \frac{v_0 \, sen\theta}{v_0 \cos\theta}x - \frac{1}{2}g\left(\frac{x}{v_0 \cos\theta}\right)^2 = (tg\theta)x - \frac{1}{2}g\left(\frac{1}{v_0 \cos\theta}\right)^2 x^2$$

E, portanto, y é uma parábola como função de x, com raízes $x_0 = 0$ e $x^* = v_0^2 \frac{sen2\theta}{g}$.

Desse modelo, concluímos que a distância atingida num arremesso x^* depende do ângulo de partida θ. Assim, se queremos que x^* seja máxima, devemos ter $\frac{dx}{d\theta} = 0$, isto é,

$$\frac{dx}{d\theta} = 2v_0^2 \frac{\cos 2\theta}{g} = 0 \implies \cos 2\theta \implies 2\theta = \frac{\pi}{2} \implies \theta = \frac{\pi}{4}$$

O ângulo de 45^0 é de fato um ponto de máximo, pois

$$\left.\frac{d^2x}{d\theta^2}\right|_{\theta=\frac{\pi}{4}} = -4v_0^2 \frac{sen2\theta}{g}\bigg|_{\theta=\frac{\pi}{4}} = \frac{-4v_0^2}{g} < 0$$

Observamos que neste modelo inicial consideramos um objeto saindo do chão, isto é, da posição $P_0 = (0,0)$, o que não vale para um arremesso de peso real. O atleta arremessa o peso de uma altura h, que é aproximadamente sua própria altura. No próximo modelo vamos levar esse dado em consideração.

Vamos considerar que o lançamento seja efetuado de uma altura h. Então, o novo

6 Esporte

modelo é simplesmente uma modificação do modelo anterior 6.2.3, isto é,

$$\begin{cases} x(t) = (v_0 \cos\theta)t \\ y(t) = (v_0 \, sen\theta)t - \frac{1}{2}gt^2 + h \end{cases} \quad (6.2.4)$$

Isolando t na primeira equação e substituindo-o na segunda equação de 6.2.4, obtemos a função

$$y = h + (tg\,\theta)x - \frac{g}{2v_0^2 \cos^2\theta}x^2$$

A distância máxima do arremesso $x^* > 0$ será alcançada quando $y = 0$, ou seja,

$$h + (tg\,\theta)x - \frac{g}{2v_0^2 \cos^2\theta}x^2 = 0$$

cuja solução é a raiz positiva de um polinômio de segundo grau:

$$\begin{aligned} x^* &= \frac{\frac{sen\theta}{\cos\theta} + \sqrt{\frac{v_0^2 sen^2\theta + 2gh}{v_0^2 \cos^2\theta}}}{\frac{2g}{2v_0^2 \cos^2\theta}} = \frac{v_0^2 \cos^2\theta}{g}\left[\frac{sen\theta}{\cos\theta} + \frac{1}{v_0 \cos\theta}\sqrt{v_0^2\left(sen^2\theta + \frac{2gh}{v_0^2}\right)}\right] \\ &= \frac{v_0^2 \cos^2\theta}{g}\left[\frac{sen\theta}{\cos\theta} + \frac{1}{\cos\theta}\sqrt{sen^2\theta + \frac{2gh}{v_0^2}}\right] \\ &= \frac{v_0^2 \cos^2\theta}{g}\left(sen\theta + \sqrt{sen^2\theta + \frac{2gh}{v_0^2}}\right) \end{aligned}$$

Observamos que a distância x^* depende de v_0, h e θ. Temos que h é a altura do atleta (constante para cada atleta), v_0 é a velocidade de partida que cada atleta pode aperfeiçoar e θ é o ângulo de partida. Assim, um atleta que já sabe como obter a velocidade máxima de partida só deve se preocupar com o ângulo do arremesso θ. Consideremos, então, para cada atleta a função $x^* = f(\theta)$. Uma condição para se obter o máximo de x^* é $\frac{dx^*}{d\theta} = 0$, ou seja,

$$\frac{dx^*}{d\theta} = \frac{v_0^2 \cos^2\theta}{g}\left[\cos\theta + \frac{1}{2}\frac{2sen\theta\cos\theta}{\sqrt{sen^2\theta + \frac{2gh}{v_0^2}}}\right] - \left(sen\theta + \sqrt{sen^2\theta + \frac{2gh}{v_0^2}}\right)\left(\frac{2v_0^2 \cos\theta\,sen\theta}{g}\right) = 0$$

(6.2.5)

6 Esporte

A simplificação da equação 6.2.5 nos dá [27]

$$sen\theta = \frac{1}{\sqrt{2(1 + \frac{gh}{v_0^2})}} \qquad (6.2.6)$$

Da relação 6.2.6 podemos inferir que o ângulo de lançamento deva ser menor que 45^0 para cada atleta específico.

Exemplo: Considere um atleta de 1,9m, que obtém uma velocidade inicial de $v_0 = 15m/s$. Para que este atleta obtenha uma distância máxima, ele deve lançar a esfera com um ângulo tal que

$$sen\theta = \frac{1}{\sqrt{2(1 + \frac{9,81 \times 1,9}{225})}} = 0,679521$$

e portanto, $\theta = 0,2265 rd$ ou $\theta = 40,77^0$.

Observamos ainda que o ângulo ideal de arremesso para cada atleta depende de sua altura h, ou seja, quanto mais alto for o atleta, menor deve ser este ângulo[1].

Exercício: Qual a altura de um atleta que atinge a distância máxima com um ângulo de $\theta = 38^0$, usando uma velocidade inicial de 14m/s?

Um estudo mais completo desse tema e outras atividades para o ensino médio o leitor pode encontrar em [26].

A pista de atletismo

---
[1] Cristian Cantwell alcançou a marca de 22,54m aplicando um ângulo de 37^0 [28]

6 Esporte

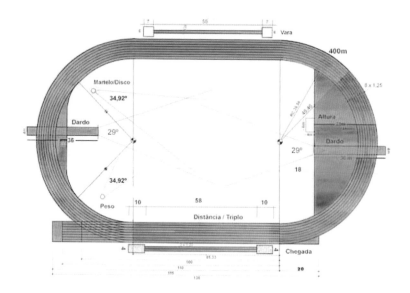

Figura 6.16- Pista de atletismo

A pista de atletismo gerou uma expectativa e um interesse logo no início das investigações realizadas para se conseguir dados que fossem significativos para se trabalhar com a modelagem matemática. A sua estrutura geométrica, suas dimensões, suas marcações técnicas indicavam inicialmente que muito se aproveitaria do estudo [18].

A modelagem estática que poderia ter sido feita no curso com o estudo da geometria da pista se restringiu às marcas para uma corrida de 400 metros. Isso porque os modelos dinâmicos estavam parecendo mais interessantes no momento e o tema *corrida* estava sobrepondo-se ao *esporte* que fora escolhido inicialmente. A substituição de um tema mais abrangente por um subtema é muito comum no processo de modelagem, quando se trabalha em programas de especialização. Nesse mesmo curso do ABCD, o tema *doenças* foi substituído por *AIDS*, *qualidade de vida* por *licenças de tratamento de saúde* e *meio ambiente* por *reciclagem*. Essas mudanças são, quase sempre, motivadas pela ausência ou restrições na obtenção de dados.

Marcas de partida de uma corrida de 400 metros

Para que todos percorram exatamente 400 metros na pista, onde, cada raia tem um perímetro diferente, é necessário que cada atleta largue em posição que compense as tais diferenças dos perímetros. A pista oficial de atletismo está dividida em 8 raias, cujas larguras podem variar de 1,22m a 1,27m, delimitadas por faixas brancas de 5cm. A linha de chegada é perpendicular à margem interna da pista. A raia

6 Esporte

interna, composta de duas retas e dois anéis de semicírculos, tem exatamente 400 metros. Para descobrir os pontos de partida de cada corredor, consideramos ainda os seguintes dados:

São 8 raias, compostas por duas retas de 84,39m de comprimento e dois anéis de semicírculos concêntricos e com raios que aumentam 1,22m a partir da raia interna que é a mais próxima do centro (Veja Figura 6.17).

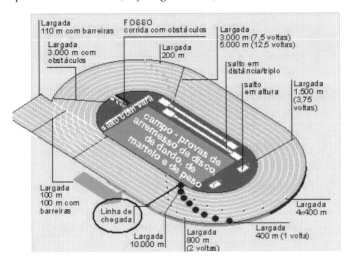

Figura 6.17- Posições de largada por diversos tipos de corrida.

Para a obtenção do modelo, fizemos algumas simplificações, isto é, consideramos as divisórias das raias sem a espessura, que seria de 5cm. Isso não compromete o modelo pois ao invés de considerarmos a largura de uma raia como sendo 1,22 poderíamos tomar 1,27cm.

Se a primeira raia R_1 tem comprimento 400m e é composta de dois segmentos de retas de 84,39m, então o que resta $(400 - 2 \times 84,39) = 231,22$m é o comprimento da circunferência que completa. Então, o raio das semicircunferências da raia R_1 é dado por: $r_1 = \frac{231,22}{2\pi} = 36,8m$.

O raio r_n da enésima raia R_n, $1 \leq n \leq 8$, é dado por

$$r_n = 36,8 + (n-1)1,22$$

O comprimento da raia R_n é

$$c_n = 2 \times 84,39 + 2\pi r_n$$

6 Esporte

Portanto, o arco de círculo que deve ser retirado de cada raia R_n para se ter exatamente 400 metros para cada corredor é

$$a_n = c_n - 400 = 2\pi r_n - 231,22$$

O modelo que procuramos é dado pela posição dos pontos n (de partida), considerando a retirada dos arcos a_n.

R_n	r_n	c_n	a_n
1	36,80	400,00	0,00
2	38,02	407,67	7,67
3	39,24	415,33	15,33
4	40,46	423,00	23,00
5	41,68	430,66	30,66
6	42,90	438,33	38,33
7	44,12	445,99	45,99
8	45,34	453,66	53,66

Tabela 6.7- Posições relativas na pista de atletismo

Para obtermos as posições dos pontos de partida, necessitamos das coordenadas polares destes pontos (Figura 6.18):

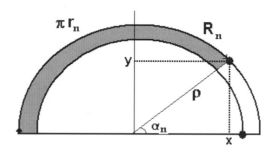

Figura 6.18 - Coordenadas polares dos pontos de partida

$$\begin{cases} x_n = r_n \cos \alpha_n \\ y_n = r_n \sin \alpha_n \end{cases}$$

O ângulo α_n depende da raia R_n considerada.

6 Esporte

O arco de raio α_n vale

$$a_n = \alpha_n r_n \Rightarrow \alpha_n = \frac{a_n}{r_n}$$

No caso da pista de atletismo, os valores dos ângulos e as posições cartesianas dos pontos são dados na Tabela 6.8

$\alpha_n = \frac{a_n}{r_n}$	x_n	y_n
0,00	36,80	0,00
0,20	37,25	7,61
0,39	36,28	14,95
0,57	34,10	21,78
0,74	30,90	27,97
0,89	26,89	33,43
1,04	22,24	38,10
1,18	17,12	41,98

Tabela 6.8- Posições dos pontos de partida

Logo, o modelo matemático dos pontos de partida é dado por

$$\begin{cases} x_n = r_n \cos \alpha_n = [36,8 + (n-1)1,22] \cos \alpha_n \\ y_n = r_n \sin \alpha_n = [36,8 + (n-1)1,22] \sin \alpha_n \end{cases}$$

Da Tabela 6.6 podemos ajustar os valores de α_n por uma função quadrática e obtemos a espiral hiperbólica

$$x_n = [36,8 + (n-1)1,22] \cos\left[-0,0053n^2 + 0,2159n - 0,2102\right]$$
$$y_n = [36,8 + (n-1)1,22] \sin\left[-0,0053n^2 + 0,2159n - 0,2102\right]$$

cujo gráfico é dado na Figura 6.15

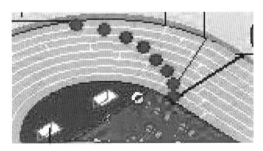

6 Esporte

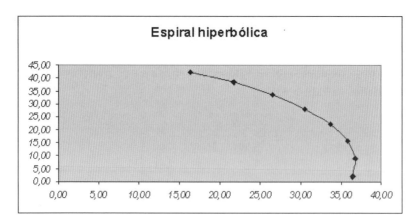

Figura 6.19 - Posição dos pontos de partida na corrida de 400 metros rasos

Projeto 2.1 - Faça um estudo completo da corrida de 200 metros rasos (recordes, dinâmica e pontos de partida).

Projeto 2.2 - Faça um estudo completo da Maratona [18].

Projeto 2.3 - Use a previsão de Bolt para limite de 9,4 segundos e refaça o modelo da corrida de 100 metros.

7 Criminalidade no ABCD

Josh Estey/AusAID

O trabalho que apresentamos nesta seção foi o resultado das pesquisas realizadas por um grupo de professores de Matemática da rede de ensino, num curso de especialização que organizamos na UFABC em 2009-10 [21]. Como parte desse trabalho, foi desenvolvido um tratamento matemático dos índices de homicídios dos quatro municípios da Grande São Paulo: Santo André, São Caetano do Sul, São Bernardo do Campo e Diadema, com a elaboração de modelos que mostram os possíveis níveis de estabilidade nesses municípios, além de um comparativo entre tais índices.

A motivação para esse estudo partiu de sugestões de professores preocupados com a formação de cidadãos, acreditando ser possível vincular o desejo de aprender mo-

7 Criminalidade no ABCD

delagem matemática à vontade de interferir na sociedade, tendo em vista que o problema, comum a todos do grupo, é lecionar em escolas públicas situadas na periferia da cidade de São Paulo e nas cidades do ABCD, região conhecida por seus altos índices de violência e criminalidade.

Os objetivos principais do curso de Especialização em Ensino-Aprendizagem com Modelagem eram:

a) Aprender a construir modelos matemáticos;

b) Formular modelos matemáticos dos homicídios dolosos ocorridos nas cidades de Santo André, São Bernardo do Campo, São Caetano do Sul e Diadema de 1999 até 2007;

c) Compreender para quais níveis de criminalidade está se caminhando, através de uma análise das tendências apresentadas;

d) Incentivar e apoiar novos estudos que busquem avançar no conhecimento das causas da criminalidade.

Para cada um dos municípios foram construídos modelos, considerando-se como parâmetro o *"crime de homicídio doloso"* por 100 mil habitantes, no período de 1999 à 2007. Este parâmetro é apresentado como fator de maior peso no cálculo do **índice de criminalidade**.

O objetivo dos modelos matemáticos do presente trabalho, construídos a partir de dados oficiais da Secretaria de Segurança Pública do Estado de São Paulo, teve como foco principal as "previsões" de níveis de estabilidade do índice de criminalidade em cada município.

Fatores condicionantes do crime e da criminalidade

1. Densidade populacional e grau de urbanização local, bem como o tamanho da comunidade e de suas áreas adjacentes;

2. Variação na composição do contingente populacional local, particularmente quanto à prevalência de estratos populacionais jovens e de indivíduos do sexo masculino;

3. Estabilidade da população no que concerne à mobilidade de residentes locais da comunidade, seus padrões diários de deslocamento e presença de população transitória ou de não residentes;

4. Meios de transporte localmente disponíveis e sistema viário local;

5. Condições econômicas, incluindo renda média, nível de pobreza e disponibilidade de postos de trabalho;

6. Aspectos culturais, educacionais, religiosos e oportunidades de lazer e entrete-

7 Criminalidade no ABCD

nimento;

7. Condições da matriz social nuclear, no que concerne ao divórcio e à coesão do grupo familiar;

8. Clima local;

9. Efetividade das instituições policiais locais;

10. Ênfase diferenciada das polícias locais nas funções operacionais e administrativas da instituição;

11. Políticas, métodos e processos de funcionamento das outras instituições que dão corpo ao sistema de local de justiça criminal, incluindo o Ministério Público, o Poder Judiciário e a Autoridade Prisional;

12. Atitudes da cidadania em relação ao crime;

13. Práticas prevalentes de notificação de delitos ocorridos às autoridades policiais.

Observamos que, para o processo de ensino-aprendizagem com modelagem, cada um dos condicionantes citados poderia ser um subtema para se construir modelos ou apenas para um estudo estatístico.

Histórico recente da criminalidade do ABCD

Na década de 1950, além das condicionantes da criminalidade citadas, outras puderam ser sentidas no que se refere à tipologia das indústrias da região. Com os investimentos estatais e a entrada de capital estrangeiro, ocorreu um crescimento nos setores automobilístico, mecânico, metalúrgico e de material elétrico. Santo André passou a abrigar várias indústrias de autopeças, que necessitavam de mão de obra mais especializada e máquinas mais produtivas. Nesse momento, a mão de obra deixou de ser determinante para o aumento da produção. Na década de 1970, houve um momento de expansão e concentração da indústria na Grande São Paulo. Foi o período denominado de "milagre econômico". Na década seguinte, o ritmo de crescimento sofreu um decréscimo, culminando com a recessão dos anos 1980. Nos anos 1990 a produção industrial continuou desacelerada, com os incentivos fiscais voltados para outras áreas do estado de São Paulo, além das dificuldades de transporte e do custo de mão de obra. O ABCD, em especial Santo André, perdeu várias indústrias, aumentando o número de desempregados. Hoje em dia, há um grande esforço do setor público e da sociedade para a manutenção das indústrias existentes. Além disso, tem-se observado um aumento de atividades nos setores de serviços e no comércio. O desafio do início deste século 21 está relacionado à criação de novas alternativas para a cidade que vai se transformando, garantindo melhores condições de vida a seus moradores.

7 Criminalidade no ABCD

Dados geográficos e condições sociais da população do ABCD (2008)

	Santo André	São Bernardo do Campo	São Caetano do Sul	Diadema
Habitantes	676.723	729.671	676.723	389.271
Favelados	70.000	60.000	0	9.600
DH	24.000	11.000	80.000	12.000
Casas Populares (4 anos)	924	3246	0	940
Verbas do PAC	172 milhões	60 milhões	0	73 milões
Aluguel	3600 famílias	-	15% dos imóveis	-
Abrigo	58 famílias	945 pessoas	0	26 famílias

Tabela 7.1. - Dados sociais das cidades do ABCD.

Santo André - Com até três salários mínimos tem-se mais de 3600 famílias que pagam aluguel de casa. O orçamento da pasta (em 2008) foi de R$ 151,7 milhões. Programas Assistenciais mantêm o aluguel-social no valor de R$ 380 e é responsável pelo abrigo provisório. O DH (déficit habitacional) de Santo André é de 24000 unidades, ou seja, DH=0,035u/p.

São Bernardo do Campo - Orçamento da pasta (em 2008) foi de R$ 40 milhões. O DH (déficit habitacional) de São Bernardo do Campo é DH=0,015u/p.

São Caetano do Sul - Orçamento da pasta (em 2008) foi de R$ 45 milhões. O município não tem Programas Assistenciais e nem alojamentos provisórios. O DH (déficit habitacional) de São Caetano do Sul é o mais alto da região: DH=0,12u/p. Isso ocorre por ele ser o município menor e mais estabilizado entre os quatro estudados.

Diadema - O Déficit Habitacional de 12 mil unidades lhe dá um DH de 0,03. Orçamento da pasta (em 2008) foi de 3% do orçamento municipal: R$ 20.3 milhões. Como programa assistencial, tem-se a bolsa auxílio-aluguel: até R$ 300 por um ano, renovável por mais um.

Índice de criminalidade

Nas pesquisas realizadas sobre criminalidade, verificou-se que há alguns índices que determinam os **níveis de criminalidade** e a qualidade de vida de uma população. Esses índices foram determinados pelo Instituto de Estudos Metropolitanos ao considerar alguns parâmetros, estatisticamente comprovados, que favorecem a criminalidade. Os dados obtidos são da Secretaria de Segurança Pública do Estado de São Paulo. Como parâmetro oficial tomam-se os índices de crimes por 100 mil habitantes, que é um parâmetro internacional neste tipo de estudo. Para estabelecer o índice de criminalidade, são levados em consideração três tipos de crime: homicídios, roubo e furto de veículos. O IEME calcula o Índice de Criminalidade (IC) a partir de três variáveis: homicídios com peso de 60%, furtos e roubos de veículos com peso de 30%

7 Criminalidade no ABCD

e furtos e roubos gerais com peso de 10%. O IC é resultado da média ponderada dos três tipos de crime. Como o peso maior do índice de criminalidade é relativo ao número de homicídios, muitas vezes as taxas de criminalidade se atêm somente a este fator de violência.

Cidade	Estado	Taxa	Mortes	Ranking
Recife	PE	90,5	1375	9°
Belo Horizonte	MG	56,6		99°
Rio de Janeiro	RJ	44,8		205°
Curitiba	PR	44,7		206°
Guarulhos	SP	40,7		265°
Porto Alegre	RS	39,5		281°
Belém	PA	37,3		323°
Salvador	BA	36,2		342°
Goiânia	GO	36,1		347°
Brasília	DF	33,3		409°
Fortaleza	CE	32,7		430°
Manaus	AM	31,5		479°
São Paulo	SP	31,1		492°
Campinas	SP	27		

Tabela 7.2 - Cidades brasileiras mais violentas em 2006, com mais de 1 milhão de habitantes.
Fonte: *Folha de São Paulo*, "Cotidiano" 30/01/2008

Cidade	Estado	Taxa	Homicídios
Sapucaia	MS	107,2	13
Colniza	MT	106,4	13
Itanhangá	MT	105,7	4
Serra	ES	102,4	365
Foz do Iguaçu	PR	98,7	326
Tailândia	PA	96,2	66
Guaíra	PR	94,7	22
Jurema	MT	91,3	9
Recife	PE	90,5	1375
Tunas do Paraná	PR	90,1	2

7 Criminalidade no ABCD

Tabela 7.3 - Ranking das cidades brasileiras mais violentas em 2006.
Fonte: *Folha de São Paulo*, "Cotidiano" 30/01/2008

Entre as 10 cidades com maior taxa de homicídio, Recife é a única capital. O município de São Paulo, que ocupava a 182ª posição no ranking de homicídios, passou para a 492ª entre os anos de 2004 e 2006.

Exercício: Complete a Tabela 7.2.

Etapas de Construção dos Modelos de Homicídios

Para a construção de modelos matemáticos relacionados com o tema em questão, é necessário seguir as seguintes etapas:

1) Obtenção dos dados de homicídios em fonte oficial (Secretaria de Segurança Pública);
2) Plotar os dados e analisar o comportamento de tendência dos mesmos;
3) Cálculo do valor de estabilidade h^* a partir do comportamento de tendência;
4) Ajuste exponencial da curva $h - h^*$;
6) Elaboração do modelo exponencial assintótico a partir do ajuste dos dados; e
7) Análise crítica dos resultados.

Modelagem

No estudo da criminalidade no ABCD, destacamos o índice de homicídios dolosos nos quatro municípios: Santo André, São Bernardo do Campo, São Caetano do Sul e Diadema. No levantamento de dados e durante o processo de modelagem, verificamos que os quatro municípios apresentaram comportamentos semelhantes (decrescimento exponencial assintótico). Assim o desenvolvimento da lei de formação dos modelos é apresentado de forma generalizada e discutido em suas especificidades em cada um dos modelos.

Lei de formação do modelo exponencial assintótico para o índice de criminalidade no grande ABCD.

Consideraremos, a partir deste ponto, por simplicidade na obtenção de dados, apenas a taxa de homicídios dolosos como índice de criminalidade, embora saibamos que tal fator corresponde a 60% do IC.

Sejam:

t : tempo em anos;
h: taxa de homicídios (mortes por 100 mil habitantes);
h^*: valor de estabilidade do índice de homicídios.

7 Criminalidade no ABCD

O modelo exponencial assintótico é dado por:

$$h(t) = h^* + ae^{-bt} \Longrightarrow h - h^* = ae^{-bt}$$

A equação diferencial da lei de formação do modelo exponencial assintótico é dado por:

$$\frac{dh}{dt} = -b[h - h^*]$$

Diadema Dados da criminalidade em Diadema

Ano	tempo	h_i :hom/100mil
1999	0	102,82
2000	1	76,15
2001	2	65,79
2002	3	54,12
2003	4	44,48
2004	5	35,39
2005	6	27,57
2006	7	20,26
2007	8	20,55

Tabela 7.4 -Criminalidade em Diadema.
Fonte: Secretaria de Segurança Pública de São Paulo

A taxa de homicídio h=IH é calculada considerando-se o número de assassinatos por 100 mil habitantes/ano.

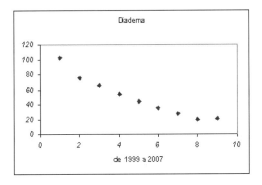

7 Criminalidade no ABCD

Figura 7.1 - Tendência do índice de criminalidade em Diadema

O cálculo da estabilidade do índice de criminalidade é obtido, via processo de Ford-Walford, ajustando os pontos $h_{i+1} = f(h_i)$ e resolvendo o sistema

$$\begin{cases} h_{i+1} = f(h_i) \\ h_{i+1} = h_i \end{cases}$$

Considerando um ajuste linear para a função f, obtemos

$$h_{i+1} = f(h_i) = 0,752 h_i + 2,943$$

Logo, o valor de estabilidade h^* é dado pelo ponto fixo de f, isto é,

$$f(h_i) = 0,752 h_i + 2,943 = h_i \Longrightarrow h^* = 11,866$$

Isso significa que, se a mesma tendência de criminalidade por for mantida, o município de Diadema deve estabilizar o índice de homicídios dolosos em $h^* = 11,86$.

O modelo exponencial assintótico para o índice de homicídios IH de Diadema é obtido com o ajuste exponencial dos dados $(h_i - h^*)$, ou seja, $h_i - h^* = 97,559 e^{-0,3093 t}$. Dessa forma, considerando o tempo $t = 0$ para o ano 1999, obtemos os índices para cada ano posterior por meio da fórmula

$$h(t) = 11,866 + 97,559 e^{-0,3093 t} \tag{7.0.1}$$

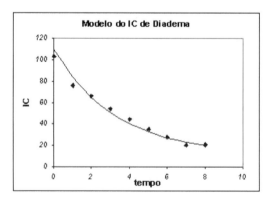

Figura 7.2- Índice de criminalidade de Diadema

7 Criminalidade no ABCD

Pelo modelo, podemos calcular em que ano o IH de Diadema será igual a 15(hom /100mil), por exemplo, isto é, determinar t de modo que $h(t) = 15$:

$$15 = 11,866 + 97,559e^{-0,3093t} \Longrightarrow e^{-0,3093t} = \frac{15 - 11,866}{97,559} = 0,032$$

Logo,

$$-0,3093t = \ln 0,032 = -3,438 \Longrightarrow t \simeq 11,12 \; anos$$

Isso deveria acontecer em $A = 1999 + 11,12$, ou seja, no mês de fevereiro do ano de 2010.

O município de Diadema é bastante violento quando comparado aos demais municípios analisados, já que em 1999 o índice de homicídios dolosos por 100 mil habitantes era de 102,82. Verificamos que o índice apresentou uma considerável redução, após a instituição da lei municipal que determina o fechamento de bares e casas noturnas às 23 horas.

O modelo exponencial assintótico do IH de Diadema 7.0.1 pode ser entendido como a solução da equação diferencial

$$\begin{cases} \frac{dh}{dt} = a[h - h^*] \\ h_0 = 102,82 \end{cases}$$

onde, a é a variação relativa constante do IH. Assim, podemos afirmar que *o índice de homicídios dolosos h é proporcional à diferença entre o índice de homicídios h e o valor de estabilidade h^*, com constante de proporcionalidade igual a $-0,3093$.*

Exemplo: Determine quantos assassinatos acontecerão nos próximos 10 anos, no município de Diadema.

Solução: Temos que o número de homicídios está para a população do município, assim como o HI está para 100 mil, isto é,

$$\frac{m}{P} = \frac{IH}{100000} \Longrightarrow m(t) = \frac{1}{100000} P(t) h(t) \tag{7.0.2}$$

Como já determinamos $h(t)$, devemos saber como é o desenvolvimento da população $P(t)$ para termos um modelo do número de homicídios $m(t)$.

7 Criminalidade no ABCD

Ano	tempo:t	População/1000
2000	1	357
2004	5	384
2005	6	390
2006	7	395
2007	8	387
2008	9	394
2009	10	398

Tabela 7.5- População de Diadema

A Figura 7.3 a seguir, mostra a tendência do desenvolvimento populacional do município de Diadema:

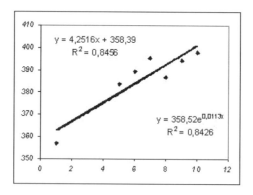

Figura 7.3-Desenvolvimento populacional de Diadema
Fonte - Estimativa populacional do IBGE

Como podemos observar, o crescimento populacional de Diadema foi bastante irregular nos 10 anos analisados, o que não permite muita segurança nas estimativas futuras. De qualquer forma, o crescimento linear e o exponencial são bastante parecidos nestes anos e podemos adotar qualquer um deles para um período não muito longo. Esses tipos de crescimento indicam que o município é relativamente novo e ainda não mostra tendência de estabilidade.

$$\text{Crescimento linear} \quad : \quad P(t) = 4,25t + 358$$

$$\text{Crescimento exponencial} \quad : \quad P(t) = 358,5e^{0,0113t}$$

7 Criminalidade no ABCD

Ambas as equações são para $t \geqslant 1$, considerando-se o tempo $t = 1$ para o ano 2000. Então, podemos considerar da eq. 7.0.2 o número de homicídios $m(t)$ em cada ano como sendo:

$$m(t) = \frac{1000}{100000}P(t)h(t) = \frac{1}{100}P(t)h(t)$$

Por exemplo, em 2005 ($t = 6$) o número de mortes estimado, usando crescimento linear da população, é dado por:

$$m(6) = 0,01 \times 383,5 \times 27,05 = 103,74$$

Se usarmos o crescimento exponencial, teremos

$$m(6) = 0,01 \times 383,65 \times 27,05 = 103,77$$

Assim, o número total de homicídios dos próximos dez anos (de 2008 a 2017) pode ser dado por $\sum_{k=9}^{18} m(k)$ (discreto) ou $\int_9^{18} m(t)dt$ (contínuo). Calcule!!

Dados da criminalidade em São Bernardo do Campo

Ano	tempo	índice IH: h_i
1999	0	51,19
2000	1	52,79
2001	2	36,94
2002	3	34,63
2003	4	34,42
2004	5	27,56
2005	6	19,13
2006	7	13,58
2007	8	10,85

Tabela 7.6 - Criminalidade em São Bernardo do Campo
Fonte: Secretaria de Seguranca Pública de São Paulo

Podemos observar que o município de São Bernardo do Campo encontra-se em considerável redução do seu índice de homicídios, mantendo-se nesta tendência deverá estabilizar-se em 6,23 homicídios por 100 mil habitantes (Verifique).

Dados da Criminalidade em Santo André

7 Criminalidade no ABCD

Ano	tempo	índice IC: h_i
1999	0	39,43
2000	1	43,20
2001	2	32,66
2002	3	29,71
2003	4	28,59
2004	5	17,14
2005	6	15,39
2006	7	12,93
2007	8	10,20

Tabela 7.7 -Criminalidade em Santo André
Fonte: Secretaria de Seguranca Pública de São Paulo

Podemos verificar que o município de Santo André encontra-se em considerável redução do seu índice de homicídios, mantendo-se nesta tendência deverá estabilizar-se em 4,54 homicídios por 100 mil habitantes (Verifique).

Dados da Criminalidade em São Caetano do Sul

Ano	Tempo	Índice: h_i
1999	0	12,01
2000	1	12,84
2001	2	14,39
2002	3	7,98
2003	4	9,37
2004	5	5,07
2005	6	2,18
2006	7	5,10
2007	8	1,46

Tabela 7.8-Criminalidade em São Caetano do Sul Fonte:
Secretaria de Seguranca Pública de São Paulo

No caso específico de São Caetano do Sul, os dados apresentaram oscilações anuais (veja Figura 7.4).

7 Criminalidade no ABCD

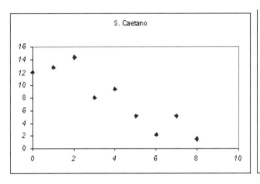
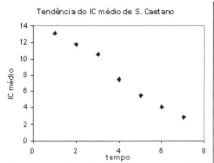

Figura 7.4 -Tendência do IH de São Caetano do Sul

A riqueza destes dados permite formular modelos alternativos para o IH de São Caetano:

Modelo exponencial assintótico

Usando os dados "brutos" da Tabela 7.7 e os mesmos argumentos da modelagem feita com os dados de Diadema, encontramos o valor limite $h^* = 0,54$. Uma alternativa para o cálculo do valor limite é suavizar as oscilações dos dados antes de usar o processo de Ford-Walford. Para isso, calculamos novos valores z_i, considerando a **média móvel** dos dados iniciais – neste caso, usamos a média móvel de grau 3:

$$z_i = \frac{\sum_{i-1}^{i+1} h_i}{3} = \frac{h_{1-1} + h_i + h_{i+1}}{3}$$

Agora, resolvendo o sistema

$$\begin{cases} z_{i+1} = z_i \\ z_{i+1} = 0,965 z_i - 1,384 \end{cases} \Longrightarrow z^* = 0,405$$

Assim, podemos afirmar que, se for mantida a mesma tendência decrescente, o índice de homicídios em São Caetano vai estabilizar-se em torno de 0,4.

Agora, um ajuste exponencial dos valores $(z_i - z^*)$ nos dá a equação

$$z - z^* = 18,536 e^{-0,254 t}$$

Então, o modelo será

$$z(t) = 0,405 + 18,536 e^{-0,254 t}$$

7 *Criminalidade no ABCD*

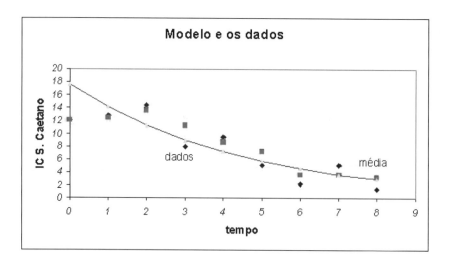

Figura 7.5 - Modelo exponencial assintótico para o IC de São Caetano

Modelo oscilante assintótico

Podemos observar na Figura 7.5 que os dados para o índice de criminalidade são oscilantes e decrescentes. De modo geral, quando se trata de valores oscilantes, os modelos matemáticos envolvem funções trigonométricas. Nesse caso específico, deveríamos ter uma função trigonométrica compreendida entre duas funções exponenciais decrescentes obtidas separadamente, utilizando os pontos de mínimos e máximos dados da Tabela 7.7.

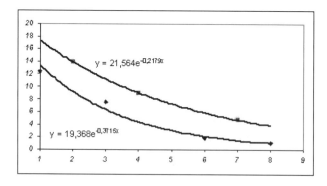

Figura 7.6 - Curvas auxiliares para valores máximos e mínimos dos dados

7 Criminalidade no ABCD

Assim, devemos ter os valores oscilantes entre as curvas

$$h_{\max}(t) = 0,405 + 21,564e^{-0,218t}$$

$$h_{\min}(t) = 0,405 + 19,368e^{-0,372t}$$

que diminuem com o tempo pois [1].

$$\lim_{t\to\infty} h_{\max}(t) = \lim_{t\to\infty} h_{\min}(t) = 0,405 \Longrightarrow \lim_{t\to\infty} [h_{\max}(t) - h_{\min}(t)] = 0$$

De qualquer forma, os dados reais, a partir de $t = 2$, satisfazem a equação

$$H(t) = h_{\max}(t) - \alpha(t)[h_{\max}(t) - h_{\min}(t)]$$

para $0 \leq \alpha(t) \leq 1$, com $\alpha(t)$ periódico.

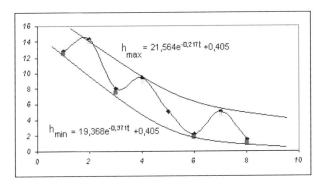

Figura 7.7 - Os valores do IC estão entre $h_{\min}$ e $h_{\max}$

Exercícios 1) Encontre expressões para $\alpha(t)$ que sejam adequadas aos dados reais.
Sugestão: use $\alpha(t) = sen^2(at + b)$.
2) Mostre que se $H(t) = h_{\max}(t) - \left[sen^2(at+b)\right][h_{\max}(t) - h_{\min}(t)]$
então $\lim_{t\to\infty} H(t) = 0,405$.

---

[1] Se tomarmos outros valores para os pontos de máximo ou mínimo, podemos ter outros ajustes, por exemplo: $h_{max} = 17,546e^{-0,1695t} + 0,4$ e $h_{min} = 14,622e^{-0,2759t} + 0,4$.

7 Criminalidade no ABCD

Região do ABCD   Embora os níveis de criminalidade sejam decrescente nos 4 municípios da região do ABCD, cada um tem seu próprio modelo de decrescimento, enfatizado por sua taxas relativa de decrescimento.

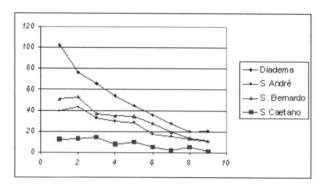

Figura 7.8 - Comparação entre os índices de criminalidade dos 4 municípios

Santo André e São Bernardo do Campo se comportam de maneira bastante similar quanto à criminalidade, ao passo que no município de Diadema o IH é bem superior aos demais. Caso interessante é o município de São Caetano cujo IH é compatível com o de países bem desenvolvidos. De qualquer forma, podemos observar que o índice de criminalidade nestes municípios tende a decrescer seguindo o mesmo processo observado no mundo todo ao longo do tempo: *"Faz pelo menos 500 anos que o mundo está se tornando um lugar cada vez mais seguro para viver, e a raça humana nunca foi tão pouco violenta... Da Idade Média para cá, os homicídios na Europa Ocidental caíram de quase 100 para cada 100 mil habitantes por ano para pouco mais de 1"* ("Ciências" - *Folha de S. Paulo*, 20/10/2011). Este texto é baseado nas pesquisas desenvolvidas por Steven Pinker, psicólogo evolucionista da Universidade de Harvard, em seu livro *The Better Angels of Our Nature* (2011).

Exercícios: 1) Determine modelos exponenciais assintóticos para o índice de criminalidade dos municípios de Santo André e São Bernardo do Campo.

2) Formule um modelo único do IH para a região do ABCD. Determine quantas pessoas serão assassinadas nesta região nos próximos 10 anos, supondo que os homicídios correspondem a 60% do IH.

3) Determine os parâmetros de um modelo logístico que se adéque aos dados (obtidos com média móvel de ordem 3 de IH de São Caetano do Sul.

8 Fabricação de papel

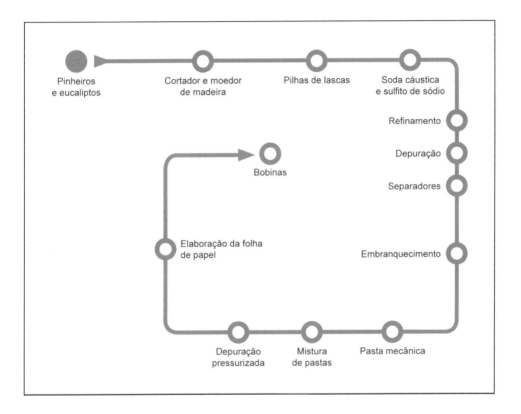

Em muitos aspectos, embora não todos, dos sistemas biológicos, o método científico produziu maior soma de conhecimentos nos últimos séculos e em especial nos últimos cinquenta anos do que em todos os milênios durante os quais o homem viveu com seu corpo sem tentar compreendê-lo.

C.H. Waddington

8 Fabricação de papel

A produção e a fabricação de papel têm um forte impacto ambiental e social sobre o planeta. A indústria papeleira e de celulose ocupa o quinto lugar no setor industrial em consumo mundial de energia, e utiliza mais água por cada tonelada produzida que qualquer outra indústria. Ainda, a indústria papeleira se encontra entre os maiores geradores de contaminantes do ar e da água, e causam grandes emissões de CO^2.

Em muitos lugares, os bosques e outros ecossistemas naturais estão sendo substituídos por plantações de árvores de crescimento rápido e cujo manejo exige a utilização massiva de herbicidas e fertilizantes químicos tóxicos. Os monocultivos de árvores para a indústria de papel são frequentemente combatidos pelas comunidades locais devido, principalmente, ao impacto negativo sobre o desequilíbrio ecológico e à degradação ambiental.

Em alguns países são necessários mais de 10 mil hectares de bosques com mais de 20 anos, somente para a produção de papel, **o que significa** que durante esses 20 anos necessários para outra geração de bosques necessitaríamos de mais de 256 mil hectares, uma vez que devemos considerar também o aumento da população e da indústria.

Este tema de pesquisa foi motivação para alguns alunos do nosso primeiro curso de Especialização para professores em Guarapuava no ano de 1986. Nesse capítulo veremos alguns modelos produzidos naquela ocasião.

8.1 Bobina de papel

No processo final da fabricação de papel, o produto é enrolado em um tubete, conforme a Figura 8.1. O rolo de papel é denominado bobina. Desse processo surgem as seguintes questões:

° Qual o comprimento do papel na bobina?
° Qual o peso do papel na bobina?
° Qual a área do papel bobinado?

O indivíduo responsável utiliza uma tabela de valores para as respostas dessas questões. Nosso objetivo é reconstruir tal tabela entendendo o processo de sua construção.

8 Fabricação de papel

Figura 8.1 - Papel rebobinado

Dados

d : diâmetro do tubete - 10cm

D : diâmetro da bobina

h_n : altura da camada de papel enrolado depois de n voltas

H : altura total da camada de papel na bobina

L : altura da bobina

s : espessura da folha

g : gramatura do papel

c_p: compatificação na bobinagem (75%)

k : constante de compatificação (1,025)

8.2 Modelo 1 - Comprimento do papel bobinado

Sejam c_n o comprimento do papel enrolado na volta n, R_n o raio da bobina (papel mais tubete) depois de n voltas, e r o raio do tubete, $r = \frac{d}{2}$, então

$$
\begin{aligned}
c_1 &= 2\pi(r+s) & R_1 &= r+s \\
c_2 &= 2\pi(r+2s) & R_2 &= r+2s \\
c_3 &= 2\pi(r+3s) &\Longrightarrow R_3 &= r+3s \\
&\ldots\ldots & &\ldots\ldots \\
c_n &= 2\pi(r+ns) & R_n &= r+ns
\end{aligned}
$$

8 Fabricação de papel

$\Rightarrow c_n = 2\pi R_n$ e $n = \frac{R_n - r}{s} = \frac{D/2 - d/2}{s} = \frac{D-d}{2s}$

Logo, $D = f(n) = 2ns + d$

O comprimento do papel enrolado é dado por

$$C_n = \sum_{j=1}^{n} c_j = \sum_{j=1}^{n} 2\pi(r + sj) = 2n\pi r + 2\pi s \frac{n(n+1)}{2}\text{[1]}$$

Considerando que $n = \frac{R_n - r}{s}$, obtemos:

$$C_n = \pi[r\frac{2(R_n - r)}{s} + s\frac{R_n - r}{s}(\frac{R_n - r}{s} + 1)] = \pi\frac{R_n - r}{s}(R_n + r + s)$$

Se D é o diâmetro da bobina e d é o diâmetro do tubete, temos

$$C_n = \frac{\pi}{s}[(D/2 - d/2)(D/2 + d/2 + s)] = \frac{\pi}{2s}\left[\frac{1}{2}(D^2 - d^2) + s(D - d)\right]$$

Exemplo: Se $D = 1,5$m, $d = 10$cm e $s = 6$mm, colocamos na mesma unidade (metros), isto é, $D = 1,5$; $d = 0,1$ e $s = 0,006$ e, obtemos:

$$C = \frac{\pi}{0,012}[1/2(2,25 - 0.01) + 0,006(1,5 - 0,1)] = 295,415m$$

Agora, se a questão fosse a seguinte: Qual deve ser o diâmetro da bobina de modo que ela contenha 1000m de papel bobinado? Nesse caso, dado que $C = 1000$, devemos determinar o valor de D. Tiramos o valor de D da mesma fórmula que fornece o comprimento do papel:

$$\frac{4sC}{\pi} = D^2 - d^2 + 2sD - 2sd$$

D em função de C é dada pela raiz positiva do polinômio $D^2 + 2sD - 2sd - d^2 - \frac{4sC}{\pi} = 0$, ou seja,

$$D = \frac{-2s + \sqrt{4s^2 + 4(2sd + d^2 + \frac{4sC}{\pi})}}{2}$$

---

[1] **Soma de números naturais**

Somando membro a membro as duas expressões idênticas, obtemos

$$2\sum_{k=1}^{n} k = (n+1) + (n+1) + ... + (n+1) = n(n+1) \Rightarrow \sum_{k=1}^{n} k = \frac{n(n+1)}{2}$$

Esta expressão que dá a soma dos n primeiros números naturais foi obtida, desta maneira, por Gauss quando ele tinha apenas 9 anos!

8 Fabricação de papel

Se $C = 1000m$, $d = 0,1m$ e $s = 0,006m$, então

$$D = 1/2(-0,012 + \sqrt{0,000144 + 0,0048 + 0,01 + 30,55768}) = 2,7586m$$

Então, para se ter 1000m deste papel rebobinado, totalmente compactificado, o diâmetro da bobina deve ser de 2,7586m ou 275,86cm.

Observamos que nas fórmulas obtidas não consideramos que possa haver uma compatificação de apenas 75%. Se considerarmos também essa hipótese, devemos entender que a altura H do papel na bobina sofre um acréscimo de 25%. Lembrando que $H = D - d$, devemos ter uma altura real de $H^* = 1,025H = 1,025 * 2,6586 = 2,725065$ e, portanto, $D^* = 2,725065 + 0,1 = 2,825065$m que corresponde a um aumento de 9,7% do tamanho do diâmetro da bobina compatificada.

Se quisermos saber quantas voltas de papel tem essa bobina, basta usar a fórmula

$$n = \frac{D-d}{2s} = \frac{2,7586 - 0,1}{0,012} = 221,55 \text{ voltas}$$

8.3 Peso de uma bobina

A gramatura do papel é o valor do peso em g/m^2. Um papel sulfite, de boa qualidade, com espessura de 0,9mm tem gramatura igual a $75g/m^2$. Se considerarmos uma bobina deste tipo de papel com $D = 1,2$m e $L = 1,6$m (altura da bobina), qual será seu peso?

Solução:

O comprimento do papel rebobinado é dado por

$$C = \frac{\pi}{2s}\left[\frac{1}{2}(D_*^2 - d^2) + s(D_* - d)\right]$$

onde, $D_* = D - 0,025D = 0,975D = 1,17$m é o diâmetro da bobina completamente compatificada.

Tomando o diâmetro do tubete $d = 0,1$m e considerando a espessura $s = 0,0009$m, obtemos

$$C = \frac{3,1416}{0,0018}[0,5(1,3689 - 0,01) + 0,0009(1,17 - 0,1)] = 1187,7m$$

8 Fabricação de papel

A área do papel enrolado é

$$A = LC = 1,6 * 1187,7 = 1900,32 m^2$$

Agora, se a gramatura é $g = 75g/m^2$, então o peso do papel da bobina é

$$p = \frac{gA}{1000} = 142,52 kg$$

Exercício: Uma folha A4 tem dimensões $210x297 mm^2$.
a) Se a gramatura do papel A4 é $g = 75g/m^2$, quanto deve pesar um pacote de 500 folhas?
b) Se o papel da bobina anterior for cortado no tamanho A4 e empacotado, quantos pacotes com 500 folhas serão produzidos?
Respostas: a) $2,39 kg$; b) $60,93$ pacotes.

Curiosidade

Considere uma folha de papel de $1 m^2$, isto é, sua área é dada por $A_1 = 1x1 = 1$. Vamos supor que este papel tenha espessura $s_1 = 0,9 mm$. Então, o volume desta folha será $V = s_1 A_1 = 0,0009 m^3$.

Se esta folha for dobrada em duas partes, teremos 2 triângulos retângulos de área $A_2 = \frac{1}{2}A_1 = \frac{1}{2}$ (base x altura/2). O papel dobrado agora terá uma espessura $s_2 = 2s_1$. Evidentemente, o volume da folha dobrada será o mesmo do anterior, $V_2 = s_2 A_2 = s_1 A_1 = V_1$.

Se dobrarmos os triângulos em partes iguais, teremos uma superposição de 4 triângulos, sendo que a área de cada um vale $A_3 = \frac{1}{2}A_2 = \frac{1}{4}A_1$. Então a espessura dos 4 triângulos é $s_3 = 2s_2 = 4s_1$ e portanto, o volume continuará sendo $V_3 = s_3 A_3 = s_1 A_1$.

Continuando o processo, obtemos duas sequências

$$\{s_n\}_{n \in N} = \{2^n s_1\}_{n \geq 0} \quad e \quad \{A_n\}_{n \in N} = \left\{\frac{1}{2^n} A_1\right\}_{n \geq 0}$$

A sequência $\{s_n\}$ é divergente, isto é, $\lim_{n \to \infty} s_n = +\infty$ (a espessura cresce sem limitação);

A sequência $\{A_n\}$ é convergente, $\lim_{n \to \infty} A_n = 0$ (a área dos triângulos vai para zero).

Neste caso, o volume do prisma V_n, de base triangular e altura dada pela soma das espessuras, depois de n divisões é dado por

$$V_n = s_n A_n$$

e $\lim_{n\to\infty} V_n = \lim_{n\to\infty} s_n A_n = \lim_{n\to\infty} V_1 = V_1$.

Por outro lado, $V_1 \neq (\lim_{n\to\infty} s_n)(\lim_{n\to\infty} A_n)$. Isso significa que $0 \times \infty$ não é um valor real bem definido, podendo ser qualquer número!

8.4 Controle de micro-organismos na fabricação do papel

A "industrialização de papel" atual é caracterizada pela transformação da madeira em papel. Este processo somente se tornou viável a partir de 1850 com a máquina de moer madeira desenvolvida pelo alemão Keller. Atualmente, cerca de 95% do papel produzido no mundo é proveniente da celulose. O principal elemento constituinte do papel é, pois, a pasta celulósica, cerca de 75%. Outros componentes são: carga mineral (±15%), água (±5%) e aditivos diversos (±5%).

O processo de fabricação é realizado em diversas etapas, as quais resumimos a seguir (veja figura inicial):

• A produção de celulose, que consiste no desfibramento do tronco de árvores. Este processo pode ser mecânico ou químico;

• O branqueamento da pasta celulósica, que é feito com o uso de agentes químicos, sendo o dióxido de cloro o mais usado;

• A refinação, que consiste numa ação mecânica objetivando a fibrilação. Em seguida a pasta recebe a adição de cargas minerais (caulim e outros) e aditivos (cola de breu, corantes, amidos etc.);

• A drenagem da água, que é progressivamente eliminada sobre a tela;

• A formação da folha, que é consolidada nas etapas de prensagem e secagem na máquina de papel.

• O acondicionamento no final da máquina, onde o papel é enrolado em enormes mandris (bobinas) que são rebobinados em rolos menores.

• O acabamento onde se faz o corte das folhas que são embaladas em pacotes.

Nesse processo de fabricação de papel, um problema relevante está relacionado com a quantidade de micro-organismos que se formam nos tanques de preparação e nas tubulações que os interligam. Existem vários tipos de micro-organismo que

8 Fabricação de papel

encontram um ambiente favorável (nutrientes, temperatura e umidade) para seu desenvolvimento nas dependências dessa indústria e que causam muito prejuízo se não forem eliminados. A flora microbiana é composta de bactérias, algas e fungos e forma, juntamente com o acúmulo de sedimentos e escamas de sais, o chamado limo, camada gelatinosa e responsável pelo entupimento de telas, feltro e tubulações. Além disso, prejudica a qualidade do papel produzido. O controle do limo merece toda a atenção na fábrica de papel, principalmente no caso de processamento contínuo.

Controle do limo

O controle do limo é realizado com aplicações de produtos químicos como bactericidas (ocasionam a eliminação de micro-organismos), microbiostatos (alteram o equilíbrio biostático do meio e impedem a proliferação dos micro-organismos) e dispersantes (mantêm livre a superfície metálica dos depósitos das máquinas). A eliminação completa do limo numa fábrica de papel é economicamente inviável, sendo suficiente um controle para retardar um crescimento excessivo da atividade biológica.

A eficiência de um controle está relacionada com a análise antecipada de alguns fatores: natureza dos organismos, natureza do poder letal dos biocidas e seu grau de decaimento, e uma estimativa da população inicial de micro-organismos.

Dados

Os dados foram colhidos na Fábrica de Papel Santa Maria S.A. por um grupo de professores-cursistas em um programa de especialização realizado na FAFIG (Guarapuava, PR) em 1986.

Gramatura grama/m^2	Produção Ton	Bactericida gramas
50	6,70	2690
55	7,40	2960
56	7,50	3014
57	7,67	3068
59	7,93	3176
60	8,10	3230
63	8,20	3283
70	9,00	3600
75	9,60	3845
80	9,90	3960
90	10,60	4240

8 Fabricação de papel

Tabela 8.1- Relação entre produção de papel e controle.

1. A quantidade de bactericida utilizada está relacionada com a produção da fábrica (conforme tabela 8.1).
2. A coleta de material é feita em diversas partes do processo. Para que se mantenha a qualidade do papel, em qualquer das gramaturas, é tolerado um limite máximo de 10^7 unidades de micro-organismos por amostra examinada.
3. As aplicações de bactericidas são feitas a cada 8 horas, sendo usados 50 gramas de bactericida por tonelada de produção.
4. Num período de aproximadamente 20 dias, procede-se a uma parada das máquinas, quando a quantidade de micro-organismos atinge uma quantidade não mais tolerável.

8.5 Relação entre bactericida utilizado e produção / gramatura

Através das curvas de tendências, podemos verificar que existem proporcionalidades entre as variáveis da tabela 8.1.

Um ajuste linear nos dá a relação entre a produção p e a quantidade de bactericida b, e também entre b e a gramatura g do papel que está sendo produzido, isto é,

$$p = 0,0025b - 0,0391$$
$$b = 38,714g + 853,23$$

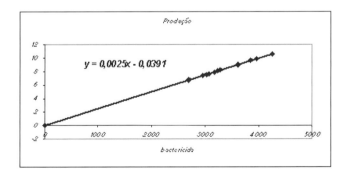

8 Fabricação de papel

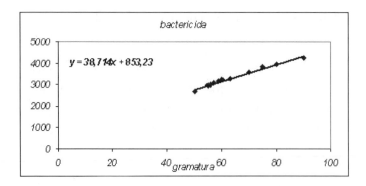

Figura 8.2- Produção de papel bactericida/gramatura.

A relação entre produção e gramatura é, evidentemente, também linear, ou seja

$$p = 0,0025b - 0,0391 = 0,0025(38,714g + 853,23) - 0,0391$$

$$p = 0,0967g + 2,0939$$

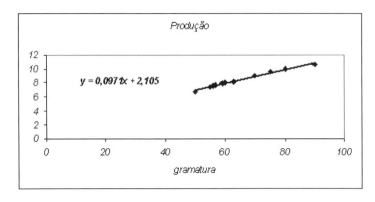

Figura 8.3 - Produção X Gramatura

É claro que se $p = p(g)$ é uma função linear, então sua inversa $g = g(p)$ também será linear, ou seja,

$$p = 0,0967g + 2,0939 \Rightarrow g = \frac{1}{0,0967}p - \frac{2,0939}{0,0967} = 10,341p - 21,653$$

8 Fabricação de papel

8.5.1 Decaimento do bactericida

Quando o bactericida é aplicado, existe um decaimento da eficácia do produto no decorrer do tempo. O decaimento é proporcional à quantidade aplicada.

Vamos supor que a aplicação seja feita a cada $T = 8$ horas e que a fábrica tenha um funcionamento que admite 3 aplicações por dia. Seja b_0 a quantidade de bactericida utilizado em cada aplicação. Considerando que, para um determinado bactericida, a taxa de decaimento é k, teremos, num período inicial, $0 \leq t \leq T$, um decaimento de bactericida proporcional dado por:

$$\begin{cases} \frac{db}{dt} = -kb \\ b_0 \text{ dado} \end{cases} \text{ para } \quad 0 \leq t \leq T \Longrightarrow b(t) = b_0 e^{-kt}$$

No fim do primeiro período T, a quantidade de bactericida restante será

$$b^-(T) = b_0 e^{-kT}$$

Quando é feita a segunda aplicação, $t = T$, a condição inicial será

$$b^+(T) = b_0 + b_0 e^{-kT} = b_0(1 + e^{-kT})$$

e a equação de decaimento é dada por

$$\begin{cases} \frac{db}{dt} = -kb \\ b(0) = (b_0 + b_0 e^{-kT}) \end{cases} \text{ para } \quad 0 \leq t \leq T \Longrightarrow b(t) = (b_0 + b_0 e^{-kT}) e^{-kt}$$

Observamos que

$$b(t) = (b_0 + b_0 e^{-kT}) e^{-kt}, 0 \leq t \leq T \Leftrightarrow b(t) = (b_0 + b_0 e^{-kT}) e^{-k(t-T)}, T \leq t \leq 2T$$

Assim, o que resta depois de um período $2T$ é dado por

$$b^-(2T) = (b_0 + b_0 e^{-kT}) e^{-kT} = b_0(e^{-kT} + e^{-2kT})$$

que, com mais b_0, será a condição inicial da terceira aplicação, isto é,

$$b^+(2T) = b_0(1 + e^{-kT} + e^{-2kT})$$

8 Fabricação de papel

Continuando o processo de aplicações, teremos

$$b(t) = b_0(1 + e^{-kT} + e^{-2kT} + \ldots + e^{-nkT})e^{-k(t-nT)}, \quad \text{se} \quad nT \le t \le (n+1)T$$

Observamos que o termo entre parênteses é a soma de uma progressão geométrica de razão e^{-kT} com primeiro termo $a_1 = 1$. Portanto,

$$b(t) = b_0\left(\frac{1 - e^{-(n+1)kT}}{1 - e^{-kT}}\right)e^{-k(t-nT)}, \quad \text{se} \quad nT \le t \le (n+1)T$$

Quando n cresce, o termo $e^{-(n+1)kT}$ tende a zero e temos uma quantidade de saturação do bactericida dado por

$$b_s = \frac{b_0}{1 - e^{-kT}}$$

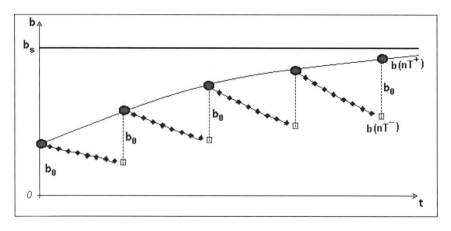

Figura 8.4- Tratamento e decaimento de bactericida

No fim de cada aplicação, o nível de bactericida atinge um valor máximo local dado por

$$b(nT^+) = b_0\left(\frac{1 - e^{-(n+1)kT}}{1 - e^{-kT}}\right), \qquad n = 0, 1, 2, \ldots$$

Os valores de $b(nT^+)$ e $b(nT^-)$ são visualizados na Figura 8.4.

Observamos que, quando n cresce, a quantidade máxima de bactericida presente tende à estabilidade, isto é,

$$\lim_{n\to\infty} b(nT^+) = \lim_{n\to\infty} b_0\left(\frac{1 - e^{-(n+1)kT}}{1 - e^{-kT}}\right) = \frac{b_0}{1 - e^{-kT}}$$

8 Fabricação de papel

Poderíamos então pensar num modelo de aplicação contínua, ajustando a curva dos valores de $b(nT^+)$:

Se, em cada instante posterior à aplicação de biocida ($t = nT^+$), considerarmos os valores

$$Y(nT^+) = \frac{b_0}{1 - e^{-kT}} - b(nT^+)$$

a sua curva de tendência pode ser ajustada por uma função exponencial $Y(t) = \beta e^{-\alpha t}$, ou seja,

$$Y(t) = b_s - B(t) = \frac{b_0}{1 - e^{-kT}} - B(t) = \beta e^{-\alpha t}$$

e, portanto,

$$B(t) = \frac{b_0}{1 - e^{-kT}} - \beta e^{-\alpha t}$$

onde $B(t)$ é o valor máximo do bactericida em cada instante t, com aplicações contínuas (veja Figura 8.4).

Exercício: Encontre a equação da curva contínua que satisfaz os valores mínimos $b(nT^-)$ (imediatamente anterior a cada aplicação de bactericida).

Verifique se o modelo se estabiliza com o tempo.

Mostre que, se $F(t)$ é a função contínua que ajusta os pontos $b(nT^-)$, então

$$\lim_{t \to \infty} F(t) = b_s - b_0$$

8.5.2 Controle de micro-organismo com aplicação de bactericida

O crescimento dos micro-organismos, na ausência de bactericidas, é exponencial, pois o meio é bastante propício para seu desenvolvimento. O bactericida é o único fator capaz de proporcionar a inibição da população dos micro-organismos. Dessa forma, podemos pensar num modelo simples para o desenvolvimento destes micro-organismos. Seja $P(t)$ a população num instante t, então

$$\frac{dP}{dt} = \text{(desenvolvimento dos micro-organismos)} - \text{(mortalidade devida à ação do bactericida)}$$

$$\frac{dP}{dt} = \alpha P - \beta b P$$

onde, α é a taxa de crescimento dos micro-organismos e β é o coeficiente de aniquilamento (eficácia) do bactericida. Separando as variáveis e integrando membro a

8 Fabricação de papel

membro à equação resultante, temos: $\int \frac{dP}{P} = \int (\alpha - \beta b)dt$.

° Para $0 \leq t \leq T^-$, temos

$$\ln P - \ln P_0 = \alpha t - \beta \int_0^t b(\tau)d\tau = \alpha t - \frac{\beta b_0}{k}(1 - e^{-kt}) \Rightarrow P(t) = P_0 \left[e^{\alpha t - \frac{\beta b_0}{k}(1-e^{-kt})} \right]$$

Observamos que se $t = 0$ então $P(0) = P_0$ e se $t = T$,

$$P(T) = P_0 \left[e^{\alpha T - \frac{\beta b_0}{k}(1-e^{-kT})} \right] = P_0^{*1}$$

A quantidade de bactérias será crescente se $\alpha P - \beta b P > 0 \Leftrightarrow P(\alpha - \beta b) > 0 \Leftrightarrow \alpha - \frac{\beta b_0}{k}(1 - e^{-kt}) > 0 \Leftrightarrow t < \frac{1}{k}\ln(1 - \frac{\alpha k}{\beta b_0})$ com $0 \leq t \leq T$.

° Para $T < t < 2T$ temos

$$\ln P - \ln P_0^{*1} = \alpha(t - T) - \frac{\beta b_0}{k}(1 + e^{-kT})\left(1 - e^{-k(t-T)}\right)$$

logo,

$$P(t) = P_0^{*1} \exp\left[\alpha(t - T) - \frac{\beta b_0}{k}(1 + e^{-kT})\left(1 - e^{-k(t-T)}\right) \right]$$

$$\Rightarrow \quad P(2T) = P_0^{*2} = P_0 \exp\left\{ \left[2\alpha T - \frac{\beta b_0}{k}(1 - e^{-kT})\left(2 + e^{-kT}\right) \right] \right\}$$

continuando o processo, temos

$$P(3T) = P_0 \exp\left\{ 3\alpha T - \frac{\beta b_0}{k}(1 - e^{-kT}))\left[3 + 2e^{-kT} + e^{-2kT}\right] \right\}$$

° para $nT \leq t < (n+1)T$

$$\ln P - \ln P_0^{*n} = \alpha(t - nT) - \beta \int_{nT}^t b(\tau)d\tau = \alpha(t - nT) - \beta b_0 (\frac{1 - e^{-(n+1)kT}}{1 - e^{-kT}}) \int_{nT}^t e^{-k(\tau - nT)}d\tau$$

e, portanto

$$P(t) = P_0^{*n} \left\{ \exp\left[\alpha(t - nT) - \frac{\beta b_0}{k}\left[(\frac{1 - e^{-(n+1)kT}}{1 - e^{-kT}}) \right] (1 - e^{-k(t-nT)}) \right] \right\}$$

210

8 Fabricação de papel

Observamos que, para $t = (n+1)T$

$$P[(n+1)T] = P_0 \exp\left\{(n+1)\alpha T - \frac{\beta b_0}{k}(1-e^{-kT)})\left[(n+1) + ne^{-kT} + ... + e^{-nkT}\right]\right\}$$

ou seja,

$$P[(n+1)T] = P_0 \exp\left\{(n+1)\alpha T - \frac{\beta b_0}{k}(1-e^{-kT)})\sum_{i=0}^{n}(n+1-i)e^{-kiT}\right\}$$

Observe que se definimos

$$A_{n+1} = \sum_{i=0}^{n}(n+1-i)e^{-kiT}$$

temos

$$A_{n+1} = (n+1) + e^{-kT}A_n$$

que dá uma fórmula de recorrência para o termo variável da expressão de $P_0^{*(n+1)}$ $=P[(n+1)T]$.

Aplicação: Os valores dos parâmetros que são utilizados no modelo de controle de bactérias podem ser obtidos ou simulados da seguinte maneira:

. A unidade de tempo será considerada em *dias*;

. A população inicial P_0 é sempre diferente de zero, uma vez que sempre há alguma concentração de micro-organismos. Vamos tomar $P_0 = 10^2$;

. Sabemos que se $P > 10^7$ então, a fabricação deve ser parada para limpeza dos tanques e tubulações;

. Seja α a taxa de crescimento das bactérias na ausência de bactericida, isto é,

$$\begin{cases} \frac{dP}{dt} = \alpha P \\ P_0 \text{ dado} \end{cases}$$

Sabendo-se que a população dobra a cada 6 horas, isto é, a cada 0,2539 dias, temos

$$2P_0 = P_0 e^{0,2539\alpha}$$

portanto, $0,2539\alpha = \ln 2 \Rightarrow \alpha = \frac{0,693}{0,2539} = 2,73$.

. A cada período de 8 horas é feita uma aplicação de bactericida, isto é, $T = 8hs =$

8 Fabricação de papel

0,33 *dias*;

. A quantidade de bactericida usada em cada aplicação é $b_0 = 1$ (uma unidade de bactericida que é equivalente a 50g/ton de produção) com poder de matança $\beta = 0,5$;

. Vamos supor que a vida média do bactericida seja de um dia, isto é, quando se aplica b_0 depois de um dia, esta quantidade fica reduzida à metade. Assim, se $b(t) = b_0 e^{-kt}$ então $\frac{b_0}{2} = b_0 e^{-k} \Rightarrow -k = \ln 0,5 = -0,693 \Rightarrow k = 0,693$.

Usando estes parâmetros, obtemos o gráfico de $P(nT)$, que mostra a população de bactérias depois de n aplicações.

Aplicação n	A_n	P((n + 1)T)
0	0	246
5	11,7	15462
10	32,8	15462
15	57,1	37572
20	82,6	77327
25	98,0	150300
30	134,4	286435
35	160,4	542185
40	186,4	1028181
45	212,5	1922967
50	238,5	3650292
55	264,6	6826998
60	290,6	12959421

Tabela 8.2 - Aplicando bactericida.

8 Fabricação de papel

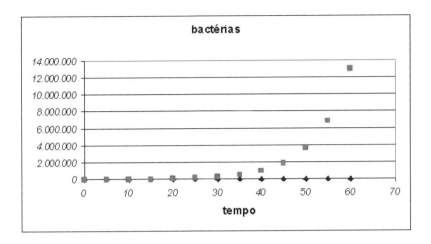

Figura 8.5 - Crescimento de bactérias na fabricação de papel

Podemos constatar que depois de aproximadamente 60 períodos, ou 20 dias, a quantidade de bactérias ultrapassa o limite suportável, que é $P = 10^7$.

Exercício: Encontre o momento exato em que $P = 10^7$.

Projeto: O papel dura de 3 semanas a 2 meses para se decompor, dependendo da humidade a que está exposto. Quanto maior a humidade, mais rápida é sua decomposição.

Procure dados reais sobre decomposição de outros materiais e faça um estudo comparativo com o papel.

8.6 Poluição

Quando não existe uma política atuante, no sentido de minimizar a poluição causada pela decomposição de material despejado pela indústria papeleira, danos ambientais irreversíveis podem ser notados. A industrialização de papel pode ser um dos maiores geradores de contaminantes do ar e da água. Os processos biológicos que ocorrem em ambientes aquáticos são responsáveis pela degradação dessas substâncias. Podem ser subdivididos em dois grupos: aeróbios e anaeróbios. Esses processos de fermentação de detritos resultam em grande consumo de oxigênio e formação de amônio, metano, dióxido de carbono etc. Isto leva a uma diminuição do processo de

8 Fabricação de papel

fotossíntese de alguns organismos vegetais e, morte das populações de peixes e outros organismos aquáticos.

Restringiremos nossos modelos às formas de poluição (despoluição) de lagos e lagoas, uma vez que, no caso de poluição de rios, a reparação é natural desde que seja cessado o processo de contaminação quando ainda não foram causados danos extremos. No caso de lagoas, o processo de despoluição é mais lento mas pode ser realizado se ainda não estiver "morta". O mecanismo natural de limpeza consiste em substituir a água gradualmente.

Nos modelos que iremos propor, consideramos o fluxo da água na lagoa como um processo de diluição de substância, sem supor que exista sedimentação de poluentes, ação biológica etc. Dessa forma, vamos propor modelos com as seguintes *hipóteses simplificadoras:*

1. Existe um fluxo de água que entra na lagoa (proveniente de minas ou riachos) e uma vazão igual para outro riacho. Assim, as vazões de entrada e saída são consideradas iguais mesmo quando chove;

2. Quando a água entra na lagoa, mistura-se rapidamente e de maneira homogênea. Isto faz com que haja uma distribuição uniforme dos poluentes;

3. O volume da água na lagoa é constante (a quantidade de água de chuva se equilibra com a que se evapora).

4. Os poluentes são retirados da lagoa somente através do fluxo de saída;

5. A poluição é proveniente de uma indústria papeleira que despeja seus contaminantes na lagoa ou no riacho que a alimenta.

Modelo 1 – Despoluição de uma lagoa cessando os despejos da indústria.

Consideramos neste modelo que a indústria cessa totalmente a poluição da lagoa, colocando filtros especiais existentes no mercado que deveriam ser usados desde o começo [2].

Consideremos os seguintes dados:

· As vazões (entrada e saída) são iguais e constantes dadas por $r(l/s)$ - r litros por segundo;

· O volume da lagoa é constante V (litros);

· Seja P_0 a quantidade e detritos químicos existentes na lagoa no instante $t = 0$ em que cessou a poluição: $P = P(t)$ é a quantidade de poluente dissolvida na água no instante $t \geqslant 0$;

---

[2] A Lei Federal 6838 da Política Nacional do Meio Ambiente, de 31/8/81, gerada na Unicamp, estabelece o uso de filtros para indústrias poluidoras.

8 Fabricação de papel

Como o volume da lagoa é constante, assim como as vazões, então é razoável supor que "*a variação da quantidade de poluentes, por unidade de tempo, seja proporcional à quantidade existente na lagoa em cada instante*":

$$\begin{cases} \frac{dP}{dt} = -\frac{rP}{V} \\ P_0 = P(0) \end{cases} \quad (8.6.1)$$

A solução de 8.6.1 é dada por:

$$P(t) = P_0 e^{-\frac{rt}{V}} \quad (8.6.2)$$

Nesse caso, a poluição diminui rapidamente no início e depois se torna mais lenta à medida que o tempo passa, mas, de qualquer forma, teremos

$$\lim_{t \to \infty} P(t) = 0 \quad (8.6.3)$$

ou seja, a lagoa estará despoluída depois de algum tempo. Podemos observar da equação 8.6.2 que um aumento na vazão diminui a poluição em menor tempo.

Observação: A equação **8.6.3** indica que o tempo para que a lagoa possa ser considerada totalmente despoluída deve ser *muito grande* ($t \to \infty$). Na prática, pode-se considerar $P(t) \simeq 0$ se $P(t) = 0,0001V$: nesse caso, o tempo gasto para tal despoluição é obtido de 8.6.2:

$$\begin{aligned} 0,0001V &= P_0 e^{-\frac{rt}{V}} \implies \frac{rt}{V} = \ln P_0 - \ln 0,0001V \\ &\implies t = \frac{V}{r} \ln \frac{P_0}{0,0001V} \end{aligned}$$

Modelo 2 - A poluição é continuada

Se a indústria continuar poluindo, o modelo matemático deve incorporar esta poluição. Seja $Q(t)$ a quantidade total de poluentes acumulados na lagoa, desde o instante $t = 0$ até o tempo t. Temos então que

$$P^*(t) = \frac{dQ}{dt}$$

é sua variação por unidade de tempo. A equação 8.6.1 deve ser modificada para

8 Fabricação de papel

atender também à poluição acumulada:

$$\begin{cases} \frac{dP}{dt} = P^*(t) - \frac{rP}{V} \\ P_0 = P(0) \text{ e } r > 0 \end{cases} \quad (8.6.4)$$

A equação 8.6.4 é uma equação diferencial linear não homogênea, de primeira ordem, cuja solução é dada por[3]

$$P(t) = P_0 e^{-\frac{rt}{V}} + e^{-\frac{rt}{V}} \int_0^t P^*(s) e^{\frac{rs}{V}} ds \quad (8.6.5)$$

Observamos que a primeira parcela de 8.6.5 independe da poluição $P^*(t)$ que é despejada a partir de $t = 0$. Ainda, para um tempo suficientemente grande, a poluição remanescente da inicial $P_0 e^{-\frac{rt}{V}}$ deverá ter um valor insignificante, o que significa que a poluição inicial não afeta sensivelmente a quantidade total de poluentes.

O acúmulo de poluentes depende essencialmente da maneira como a indústria lança-os na lagoa. Vejamos alguns casos:

1· A indústria **lança continuamente uma quantidade constante**, isto é, $P^*(t) = P_0^*$. Neste caso, a solução é dada por

$$P(t) = P_0 e^{-\frac{rt}{V}} + e^{-\frac{rt}{V}} \int_0^t P_0^* e^{\frac{rs}{V}} ds = \left[P_0 + \frac{V}{r} P_0^*\right] e^{-\frac{rt}{V}} + \frac{V}{r} P_0^*$$

Observamos que, quando t cresce, $P(t)$ tende a se estabilizar no ponto $\frac{V}{r} P_0^*$.

Se $P_0 = \frac{V}{r} P_0^*$, a quantidade de poluentes na lagoa permanece constante, isto é, a quantidade que entra em cada instante é a mesma daquela que sai;

Se $P_0 < \frac{V}{r} P_0^*$, a quantidade $P(t)$ cresce tendendo ao valor $\frac{V}{r} P_0^*$;

Se $P_0 > \frac{V}{r} P_0^*$, a quantidade $P(t)$ decresce com o tempo, tendendo ao valor $\frac{V}{r} P_0^*$;

---

[3]A solução de 8.6.4 é obtida, considerando-se a combinação linear da solução da equação homogênea 8.6.3 com uma solução particular de 8.6.4. Suponhamos que

$$P_p(t) = K(t) e^{-\frac{rt}{V}}$$

seja uma solução particular de 8.6.4, então deve satisfazer 8.6.4:

$$\left[-\frac{r}{V} K + \frac{dK}{dt} + \frac{r}{V} K\right] e^{-\frac{rt}{V}} = P^*(t)$$

$$\Rightarrow \quad \frac{dK}{dt} = e^{\frac{rt}{V}} P^*(t) \Rightarrow K(t) = \int e^{\frac{rt}{V}} P^*(t) + C$$

8 Fabricação de papel

Exercícios: (a) Use a concentração de poluentes, em vez da sua quantidade, isto é, $C(t) = \frac{P(t)}{V}$ e mostre que

$$C(t) = [C_0 - C_0^*]e^{-\frac{r}{V}t} + C_0^*$$

(b) Suponha que uma fábrica poluidora de um lago pare de funcionar quando a concentração de poluentes for K_0. Em quanto tempo a concentração será a metade de K_0?

2. Suponhamos que a indústria esteja poluindo a lagoa continuamente, mas, numa **forma decrescente**, isto é, lançando cada vez menos poluentes por unidade de tempo. Por exemplo, considerando $P^*(t) = P_0^* e^{-bt}$ com $b > 0$. Nesse caso,

$$\begin{cases} \frac{dP}{dt} = P_0^* e^{-bt} - \frac{rP}{V} \\ P_0 = P(0) \text{ e } r, b > 0 \end{cases}$$

A solução desta equação é dada por:

$$P(t) = \left[P_0 - \frac{P_0^*}{\frac{r}{V} - b}\right]e^{-\frac{r}{V}t} + \frac{P_0^*}{\frac{r}{V} - b}e^{-bt} \text{ se } \frac{r}{V} \neq b$$

ou

$$P(t) = [P_0 + P_0^*]e^{-\frac{r}{V}t} \text{ se } \frac{r}{V} = b$$

Em ambos os casos, a lagoa será despoluída quando t crescer.

3. Se a indústria tem um **sistema periódico de descargas**, intensificando-as em certas ocasiões e reduzindo-as em outras, podemos pensar num modelo onde $P^*(t) = P_0^*(1 + \sin \omega t)$, com $\omega > 0$.

O modelo geral 8.6.4, neste caso, é dado por:

$$\begin{cases} \frac{dP}{dt} = P_0^*(1 + \sin \omega t) - \frac{rP}{V} \\ P_0 = P(0) \text{ e } r, \omega > 0 \end{cases} \tag{8.6.6}$$

Exercícios: 1) Resolva a equação 8.6.6 e encontre o valor limiar de P_0^* para que ocorra uma despoluição da lagoa.

2) Um lago de volume $V = 5.10^7 m^3$ é abastecido por um riacho cuja vazão é de 100 m^3/h. Uma indústria de papel é instalada na beira desse riacho, poluindo-o na ordem de $50 kg/m^3$. Se a quantidade máxima de poluentes suportável no lago é do nível de 0,5 kg/m^3, pergunta-se:

a. Até quando a fábrica pode funcionar sem causar danos para a vida aquática?

8 Fabricação de papel

b. Qual a concentração de poluentes no lago depois de um ano?
Sugestão: Use $P_0^* = rC_0^* = 100 m^3/h \times 50 kg/m^3 = 5000 kg/h$ e

$$\frac{dP}{dt} = P_0^* - \frac{r}{V}P \quad \text{com} \quad r = 100$$

c. Se existe uma saída de água do lago também de vazão igual á 100 m^3/h, encontre uma maneira de tornar a água do lago viável, mesmo com a indústria funcionando.

Projeto – Analise o processo de reflorestamento na Brasil relacionado à indústria papeleira.

9 Tendência estatística

Nathan Keirn

Quando se propõe um modelo matemático para retratar algum fenômeno, a preocupação é sempre se tal modelo é adequado ou não. Lembramos que o modelo, além de se adequar aos dados amostrais, também deve ser um processo de previsão de dados futuros. Nessa seção propomos um teste não paramétrico de hipóteses que, *grosso modo*, possa indicar um melhor modelo.

9 Tendência estatística

9.1 Qui Quadrado

Definição: Qui Quadrado, simbolizado por χ^2, é um teste de hipóteses que se destina a encontrar um valor da dispersão para duas variáveis nominais e avaliar a associação existente entre variáveis qualitativas.

É um teste não paramétrico, ou seja, não depende de parâmetros, como média e variância.

O princípio básico deste método é comparar proporções, isto é, as possíveis divergências entre as frequências observadas e esperadas para um certo evento.

Evidentemente, pode-se dizer que dois grupos se comportam de forma semelhante se as diferenças entre as frequências observadas e as esperadas em cada categoria forem muito pequenas, próximas a zero.

Portanto, o teste é utilizado para:

o Verificar se a frequência com que um determinado acontecimento observado em uma amostra se desvia significativamente ou não da frequência com que ele é esperado.

o Comparar a distribuição de diversos acontecimentos em diferentes amostras, a fim de avaliar se as proporções observadas desses eventos mostram ou não diferenças significativas ou se as amostras diferem significativamente quanto às proporções desses acontecimentos.

Para se aplicar o teste, as seguintes proposições precisam ser satisfeitas:

· Os grupos devem ser independentes;
· Os itens de cada grupo são selecionados aleatoriamente;
· As observações devem ser frequências ou contagens;
· Cada observação pertence a uma e somente uma categoria, e a amostra deve ser relativamente grande (pelo menos 5 observações em cada célula e, no caso de poucos grupos, pelo menos 10).

Karl Pearson propôs a seguinte fórmula para medir as possíveis discrepâncias ou aderências entre proporções observadas e esperadas:

$$\chi_c^2 = \sum \frac{(x_o - x_e)^2}{x_e}$$

onde,

x_o : frequência observada para cada classe,

x_e : frequência esperada para aquela classe.

9 Tendência estatística

A diferença entre a frequência observada e a esperada em uma classe é denominada desvio d é dada por $d = x_o - x_e$. Assim, podemos escrever a fórmula de Pearson por

$$\chi_c^2 = \sum \frac{d^2}{x_e}$$

Quando as frequências observadas são muito próximas das esperadas, o valor de d é pequeno. Quando as divergências são grandes, porém d assume valores altos.

9.1.1 Hipóteses

Quando se faz alguma pesquisa, o pesquisador trabalha com duas hipóteses:

Hipótese nula H_0: As frequências observadas não são diferentes das frequências esperadas. Não existe diferença entre as frequências (contagens) dos grupos.

Hipótese alternativa H_1: As frequências observadas são diferentes das frequências esperadas, portanto existe diferença entre as frequências.

As frequências observadas são obtidas diretamente dos dados das amostras, enquanto que as frequências esperadas são calculadas a partir destas.

Assim, o χ_c^2 calculado é obtido a partir dos dados experimentais, levando-se em consideração os valores observados e os esperados, tendo em vista a hipótese feita.

O χ^2 tabelado depende do número de graus de liberdade GL e do nível de significância adotado α.

A tomada de decisão é feita comparando-se os dois valores:

$$Se \ \chi^2 \leq \chi_c^2 : Rejeita-se \ Ho.$$
$$Se \ \chi^2 > \chi_c^2 : Aceita-se \ Ho$$

Quando se consulta a tabela de χ^2, observa-se que é determinada uma probabilidade de ocorrência daquele acontecimento.

Portanto, rejeita-se uma hipótese quando a máxima probabilidade de erro ao rejeitar aquela hipótese for baixa (alfa baixo), ou quando a probabilidade de os desvios terem ocorrido pelo simples acaso é baixa.

O **nível de significância**, α representa a máxima probabilidade de erro que se tem ao rejeitar uma hipótese.

O número de graus de liberdade, nesse caso é assim calculado:

9 Tendência estatística

$$G.L. = \text{número de classes} - 1$$

E, evidentemente, quanto maior for o valor de χ^2 mais significante é a relação entre a variável dependente e a variável independente. :

Exemplo 1: Se uma moeda não viciada for jogada 100 vezes, espera-se obter 50 caras e 50 coroas, já que a probabilidade de cair cara (p) é $= \frac{1}{2}$ e a de cair coroa (q) também é $= \frac{1}{2}$. Entretanto, na prática, é muito difícil obter valores observados, idênticos aos esperados, sendo comum encontrar valores que se desviam dos teóricos.

Supondo que uma moeda foi jogada 100 vezes e se obteve 60 caras e 40 coroas. Vamos testar a hipótese de a moeda ser honesta, adotando-se o nível de significância $\alpha = 5\%$.

Solução - Estamos considerando:

1. Hipóteses

H_0 : A moeda é honesta

H_1 : A moeda é viciada.

2. Com $\alpha = 5\%$, e $GL = 2 - 1 = 1$, devemos ter da tabela de χ^2 que seu valor limiar é $3,841$.

3. Cálculo do valor de χ_c^2 no experimento

As frequências esperadas em cada classe são dadas por:

$$E_{(cara)} = \frac{1}{2}.100 \quad e \quad E_{(coroa)} = \frac{1}{2}.100$$

Assim, os valores esperados são: cara: 50 e coroa: 50 e os observados são: cara: 60 e coroa: 40. Logo,

$$\chi_c^2 = [\frac{(60-50)^2}{50}] + [\frac{(40-50)^2}{50}] = 4$$

4. Análise do processo:

O que significa esse número χ_c^2, ou seja, como se analisa um teste de χ^2?

Supondo que, em vez de lançarmos 100 moedas uma única vez, fazemos inúmeros lançamentos de 100 moedas. Se calcularmos o valor de χ^2 a cada 100 lançamentos e, depois, colocarmos todos os resultados em um gráfico, obtemos uma distribuição de χ^2 (Figura 9.1)

9 Tendência estatística

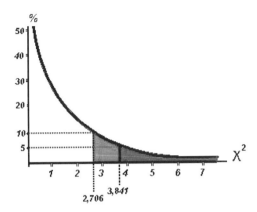

Figura 9.1 - Distribuição de Qui Quadrado para GL igual a 1.

Nota-se que os valores pequenos de χ^2 ocorrem mais frequentemente que os grandes, pois, se um experimento puder ser representado pelo modelo teórico proposto, pequenos desvios casuais entre proporções esperadas e observadas ocorrerão em maior número do que grandes desvios.

Tomando a área total sob a curva como 100%, sabe-se que o valor $3,841$ delimita 5% dela. Portanto, espera-se em experimentos semelhantes que valores de χ_c^2 menores que $3,841$ tenham 95% de probabilidade de ocorrência.

5. Conclusão:

Sempre que o valor de χ_c^2 for menor que $3,841$ (veja Tabela 9.1), aceita-se a hipótese H_0 de igualdade estatística entre os números de observados e de esperados, ou seja, admite-se que os desvios não são significativos.

No exemplo dado, de lançamento de moedas, o grau de liberdade é $GL = 2 - 1 = 1$ e, como o valor de $\chi^2 = 4$ para 2 classes foi maior que o esperado ao acaso ($3,841$), aceita-se a hipótese alternativa H_1 e admite-se que a moeda seja viciada, com risco de erro de 5%.

É importante notar que esse raciocínio e decisão só são válidos quando há 2 classes possíveis de eventos (como no exemplo dado, em que o lançamento da moeda pode resultar em dois acontecimentos: cara ou coroa).

Exemplo 2. *Se lançamos um dado temos 6 classes possíveis. Vamos supor que fizemos 600 lançamentos e obtivemos*

9 Tendência estatística

Faces	1	2	3	4	5	6
esperado	100	100	100	100	100	100
observado	90	105	110	95	108	92

Desejamos saber se o dado é ou não viciado.

Solução:

Sejam

H_0 : O dado é honesto

H_1 : O dado é viciado.

Temos que $GL = 6 - 1 = 5$. Se considerarmos $\alpha = 5\%$, então

$$\chi^2 = \sum_{i=1}^{6} \frac{d_i^2}{100}$$
$$= \frac{(100-90)^2}{100} + \frac{(100-105)^2}{100} + \frac{(100-110)^2}{100} + \frac{(100-95)^2}{100} + \frac{(100-108)^2}{100} + \frac{(100-92)^2}{100}$$
$$= \frac{100 + 25 + 100 + 25 + 4 + 64}{100} = 3,18$$

Conclusão – Da Tabela 9.1 de distribuição de χ^2, com $GL = 5$ e $\alpha = 5\%$, temos que $\chi^2 = 3,18 < 11,07$ (valor esperado). Então aceita-se a hipótese de igualdade estatística, a nível de 5%, entre os números de observados e de esperados, ou seja, aceita-se H_0.

gl/P	0,99	0,95	0,9	0,8	0,7	0,5	0,3	0,2	0,1	0,05	0,02	0,01	0,001
1	0,0002	0,004	0,016	0,064	0,148	0,455	1,074	1,642	2,706	3,841	5,412	6,635	10,827
2	0,02	0,103	0,211	0,446	0,713	1,386	2,408	3,219	4,605	5,991	7,824	9,21	13,815
3	0,115	0,352	0,584	1,005	1,424	2,366	3,665	4,642	6,251	7,815	9,837	11,345	16,266
4	0,297	0,711	1,064	1,649	2,195	3,357	4,878	5,989	7,779	9,488	11,668	13,277	18,467
5	0,554	1,145	1,61	2,343	3	4,351	6,064	7,289	9,236	11,07	13,388	15,08	20,515
6	0,872	1,635	2,204	3,07	3,828	5,348	7,231	8,558	10,645	12,592	15,033	16,812	22,457
7	1,239	2,167	2,833	3,822	4,671	6,346	8,383	9,803	12,017	14,067	16,622	18,475	24,322
8	1,646	2,733	3,49	4,594	5,527	7,344	9,524	11,03	13,362	15,507	18,168	20,09	26,125
9	2,088	3,325	4,168	5,38	6,393	8,343	10,656	12,242	14,684	16,919	19,679	21,666	27,877
10	2,558	3,94	4,865	6,179	7,267	9,342	11,781	13,442	15,987	18,307	21,161	23,209	29,588
11	3,053	4,575	5,578	6,989	8,148	10,341	12,899	14,631	17,275	19,675	22,618	24,725	31,264
12	3,571	5,226	6,304	7,807	9,034	11,34	14,011	15,812	18,549	21,026	24,054	26,217	32,909
13	4,107	5,892	7,042	8,634	9,926	12,34	15,119	16,985	19,812	22,362	25,472	27,688	34,528
14	4,66	6,571	7,79	9,467	10,821	13,339	16,222	18,151	21,064	23,685	26,873	29,141	36,123
15	5,229	7,261	8,547	10,307	11,721	14,339	17,322	19,311	22,307	24,996	28,259	30,578	37,697
16	5,812	7,692	9,312	11,152	12,624	15,338	18,418	20,465	23,542	26,296	29,633	32	39,252
17	6,408	8,672	10,085	12,002	13,531	16,338	19,511	21,615	24,769	27,587	30,995	33,409	40,79
18	7,015	9,39	10,865	12,857	14,44	17,338	20,601	22,76	25,989	28,869	32,346	34,805	42,312
19	7,633	10,117	11,651	13,716	15,532	18,338	21,689	23,9	27,204	30,144	33,687	36,191	43,82
20	8,26	10,851	12,443	14,572	16,266	19,337	22,775	25,038	28,412	31,41	35,02	37,566	45,315

9 Tendência estatística

Tabela - 9.1 - Valor limiar do χ^2 para aceite de H_0

Quando queremos estudar a relação entre duas ou mais variáveis de classificação, então o teste χ^2 pode ser importante. Neste caso, a representação das frequências observadas pode ser dada por uma *tabela de contingência*. Se as frequências observadas ocupam, respectivamente, h linhas e k colunas, podemos pensar num teste χ^2 com $GL = (h-1)(k-1)$.

A cada frequência observada em uma tabela de contingência teremos uma frequência esperada, que será calculada com base na hipótese H_0, de acordo com as regras usuais.

Para verificar a concordância entre as frequências observadas e esperadas, usa-se a estatística:

$$\chi_c^2 = \sum_{i=1}^{h} \sum_{j=1}^{k} \frac{\left(F_{o_{ij}} - F_{e_{ij}}\right)^2}{F_{e_{ij}}}$$

Exercício – Testar se o nascimento de homens e mulheres é igualmente provável, se uma pesquisa com 1.000 famílias com 4 crianças cada, escolhidas ao acaso, forneceu:

meninos	0	1	2	3	4
meninas	4	3	2	1	0
famílias	120	220	350	210	100

Solução: Testar se H_0 : "em cada família de 4 filhos tem-se metade de cada sexo" é verdade:

As frequências esperadas são sempre quantidades iguais para homens e mulheres. Então,

$$\begin{aligned}\chi_c^2 &= \frac{(0-240)^2}{480} + \frac{(220-440)^2}{880} + \frac{(700-700)^2}{1400} + \frac{(400-200)^2}{400} \\ &\quad + \frac{(480-240)^2}{480} + \frac{(660-440)^2}{880} + \frac{(700-700)^2}{1400} + \frac{(0-200)^2}{400} \\ &= 550\end{aligned}$$

Dessa forma, Ho deve ser rejeitado. No entanto se a questão for H_0 : "em famílias de 4 filhos, tem-se um equilíbrio entre homens e mulheres", isto é, considerando que H_0 é a hipótese que o nascimento de homens e mulheres é igualmente provável, teremos:

O número total observado para homens é $h = 0 \times 120 + 1 \times 220 + 2 \times 350 + 3 \times 210 + 4 \times 100 = 1950$;

9 Tendência estatística

O número total de mulheres observado é $m = 4 \times 120 + 3 \times 220 + 2 \times 350 + 1 \times 210 + 0 \times 100 = 2050$.

Nesse caso, temos $GL = 1$, e se $\alpha = 5\%$,

$$\chi_c^2 = \frac{(950 - 2000)^2}{2000} + \frac{(2050 - 2000)^2}{2000} = 2,5 < 3,841 = \chi^2$$

Nesse caso, devemos aceitar H_0, concluindo-se, com risco de 5%, que há equilíbrio no número de crianças de ambos os sexos em famílias de 4 filhos.

9.2 Teste para modelos matemáticos alternativos

No caso específico de modelagem matemática, muitas vezes estamos interessados em saber se o modelo adotado é adequado ou não. Se usarmos o teste Qui Quadrado podemos, pelo menos, a algum nível de significância aceitá-lo ou rejeitá-lo. Entretanto, dificilmente um modelo de previsão seria aceito via χ^2. O que propomos é simplesmente tomar valores do χ_c^2 para cada modelo alternativo e verificar qual tem maior aderência com os dados amostrais.

Vamos definir *grau de aderência de nível* $(1 - \alpha)$ de uma sequência *observada* $\{x_{o_n}\}_{1 \leq n \leq k}$ com uma sequência esperada $\{x_{e_n}\}_{1 \leq n \leq k}$ por:

$$a = \frac{1}{\chi_c^2}$$

onde $\chi_c^2 = \sum_{i=1}^{k} \frac{(x_{o_n} - x_{e_n})^2}{x_{e_n}}$ é o Qui Quadrado calculado.

Exemplo 3. *Vamos considerar o problema de apodrecimento de maçãs do Capítulo 5. A seguinte tabela nos dá os "dados amostrais" (modelo geométrico) e os valores correspondentes dos modelos alternativos:*

9 Tendência estatística

Estágio	tempo: dias	Contínuo M1	Geométrico D1	Discreto D2	M2:Contínuo
0	0	1	1		20
1	1,364	3	13	13	42
2	2,728	8	57	25	85
3	4,092	24	153	107	170
4	5,456	70	323	283	332
5	6,82	195	587	582	613
6	8,184	505	967	1.011	1.040
7	9,548	1.111	1483	1.556	1.569
8	10,912	1.894	2007	2.156	2.081
9	12,276	2.498	2457	2.602	2.472
10	13,64	2.806	2784	2.854	2.719
11	15,004	2.931	2952	2.961	2.857
12	16,368	2.976	2990	2.991	2.929
13	17,732	2.992	2996	2.995	2.965

Tabela - 9.2 - Incidência de podridão em modelos distintos.

Considerando o modelo geométrico como sendo o *esperado*, podemos compará-lo com os outros modelos alternativos como observados. Assim,

$$\chi^2_{M_1} = \sum_{i=0}^{13} \frac{d_i^2}{x_i} = 940$$

$$\chi^2_{D_2} = \sum_{i=0}^{13} \frac{d_i^2}{x_i} = 63,79$$

$$\chi^2_{M_2} = \sum_{i=0}^{13} \frac{d_i^2}{x_i} = 101,19$$

Podemos observar que, neste caso, os três modelos seriam rejeitados a nível de $\alpha = 5\%$, com $GL = 13$, onde $\chi^2 = 22,362$,. Entretanto, pode-se ver que o maior grau de aderência ao modelo geométrico é obtido pelo modelo discreto D_2 que tem o menor valor dos Qui Quadrados: $a(M_1) = \frac{1}{940} = 0,0011$; $a(D_2) = 0,0157$ e $a(M_2) = 0,0098$.

Observe, nesse caso, que os modelos vão se tornando mais aderentes à medida que o tempo passa (verifique!).

Exercício: Verifique o grau de aderência entre os dados amostrais e os valores obtidos pelos dois modelos alternativos da tabela seguinte: :

9 Tendência estatística

Tempo	Variável	Modelo A_1	Modelo A_2
n	x_n	x_n	y_n
0	9,5	9,5	9,1
1	18,5	14,6	17,2
2	29,1	22,2	28,3
3	46,9	33,9	45,4
4	70,8	51,2	65,9
5	121,1	76,8	122,7
6	175,3	113,6	176,6
7	257,7	164,6	247,9
8	351,4	231,8	355,8
9	440,8	314,0	442,0
10	512,9	404,6	520,3
11	562,2	492,2	571,2
12	597,7	564,1	598,5
13	629,4	614,2	630,7
14	642,3	644,1	644,3
15	651,2	660,0	656,8

Tabela 9.3 - Comparação entre modelos via χ^2

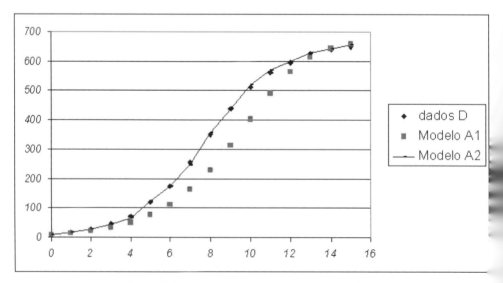

Figura 9.2 - Comparação entre modelos via χ^2

9 Tendência estatística

A comparação entre os dados D e os valores dos modelos A_1 e A_2, via fórmula do χ^2, nos diz que o modelo A_2 se ajusta melhor aos dados pois

$$\chi^2_{A_2} = 1,2881 < 194,1889 = \chi^2_{A_1}$$

Ainda, os graus de aderência são: $a(A_2) = \frac{1}{\chi^2_{A_2}} = 0,7763$ e $a(A_1) = \frac{1}{\chi^2_{A_1}} = 0,0051$.
Temos da tabela Qui Quadrado que: Se H_0 : aceitar o modelo A_j, com $GL = 15$ e $\alpha = 5\%$, o valor limiar de χ^2 é $24,96$. Então, o modelo A_2 seria aceito e A_1 rejeitado ao nível de 5% de erro.

Referências Bibliográficas

[1] Costa, M. I. S. "Controle determinístico de tratamentos quimioterápicos"; Tese de doutorado, IMECC, 1993.

[2] Leitura e construção da cidadania, in Ensino Superior, 57, 2007.

[3] Waddington, C. H. Instrumental para o pensamento. EDUSP, SP. 1979.

[4] Costa Neto, P. L. O. Estatística; Editora Edgard Brucher Ltda., SP. 1977.

[5] Pompeu Jr, G. e Bassanezi, R. C. "Um estudo de modelagens alternativas: Podridão da Maçã"; Biomatemática XV; XXVIII CNMAC, S. Paulo, Set/05, pp. 97-118.

[6] Bassanezi, R. C. *Ensino–aprendizagem com modelagem matemática*; Edit. Contexto, São Paulo, 2002.

[7] Sodré, U. e Tofolli, S.F.L. Alegria Matemática: Sequências de Fibonacci, in http://pessoal.sercomtel.com.br/matematica/alegria/fibonacci/seqfib1.htm.

[8] Huntley, H. E. *A divina proporção: um ensaio sobre a beleza da matemática*, Edit. Univ. Brasília, 1985.

[9] Edeltein-Keshet, L. *Mathematical models in Biology*; Random House Pu. N. York, 1988.

[10] Goldberg, S. *Introduction to Difference Equations*, Dover, N. York, 1986.

[11] Lunardi R., Sanhuesza R., Bender R. *Imersão em água no controle pós-colheita da podridão branca em maçãs cv. fuji*; Fitopatol. bras. 28(4), 2003.

[12] Blum L., Amarante C., Locatelli P. et al. *Levedura aplicada em pós-colheita reduz podridões em Maçãs*; http://www.ufpel.tche.br, 2005.

[13] Casselman B. *Packing Pennies in the Plane - An illustrated proof of Kepler's conjecture 2D*; University of British Columbia; AMS - *www.ams.org-cass 1.htm*.

Referências Bibliográficas

[14] Alpoim J.F.P. Exame de artilheiros; Oficina José Antonio Plates - Lisboa, 1744.

[15] Hale,T. C. *Cannonballs and Honeycombs*; Notices of the AMS, vol. 47, n. 4, 440-449, 2000.

[16] Bassanezi, R. C. *Equações diferenciais ordinárias - Um curso introdutório*, UFABC-CMCC, 2011.

[17] May, R. M. Simple Mathematical Model with very Complicated Dynamics; in *Nature*, 1976.

[18] Bezerra, C., Diniz, F. e Kfouri, W. *Esporte*; Monografia de conclusão de curso de Especialização; UFABC, 2008.

[19] Mata S. T. *"Modelagens alternativas para o problema da podridão em maçãs"*– Dissertação de Mestrado, CMCC -UFABC, 2010.

[20] Brochado, M. V. B. e Kokobun, E. *Treinamento intervalado de corrida de velocidade -Efeitos da duração da pausa sobre o lactato sanguíneo e a cinemática da corrida.* MOTRIZ - Volume 3, Número 1, Junho/1997.

[21] Larizzatti, C., Caetano, J.C., Santana, L. G. et al. *"Criminalidade - Alguns Olhares... Algumas reflexões"*, Monografia de conclusão de curso de Especialização; UFABC, 2009.

[22] *"Fabricação de papel"*; Monografia de curso de Especialização, FAFIG, Guarapuava, 1982.

[23] D'Ambrósio, U. *Etnomatemática: Um Programa de Educação Matemática.* Revista da Sociedade Brasileira de Educação Matemática-SBEM, pp.5-18,1993.

[24] Batschelet, E. *Introdução à matemática para biocientistas.* Edit. Interciência e EDUSP, Rio de Janeiro, 1978.

[25] Gazzetta, M. "Modelagem como estratégia de aprendizagem de matemática em curso de aperfeiçoamento de professores". Dissertação de Mestrado, UNESP-Rio Claro, 1988.

[26] Francisco, S. "Modelagem matemática no arremesso de peso"; Dissertação do Programa PROFMAT, Santo André, 2013.

Referências Bibliográficas

[27] Lenz, A., Rappl, F. The optmal angle of release in shot put; Physics.pop-ph,arXiv:1007.3689v2, 2010.

[28] Santos, D. F., Carvalho, H.H e Afonso, J. O recorde para o lançamento do peso não é obtido há vinte anos. Estará relacionado com a Física?; Sala dos Professores, vol. 33, 1.

O AUTOR

Rodney Carlos Bassanezi é professor titular aposentado do Instituto de Matemática, Estatística e Computação Científica (IMECC) da Unicamp e da UFABC. Coordenou cursos de Modelagem Matemática na Universidade de Trento, na Itália, e em uma dezena de universidades brasileiras. É autor de diversos livros, entre os quais *Ensino-aprendizagem com modelagem matemática*, publicado pela Editora Contexto.

LEIA TAMBÉM

ENSINO-APRENDIZAGEM
COM MODELAGEM MATEMÁTICA

Rodney Carlos Bassanezi

A modelagem matemática é a matemática por excelência, pois as origens das ideias centrais desta ciência são o resultado da busca da explicação dos fatos observados na vida real. Este livro é mais que uma proposta inovadora, é um verdadeiro guia de ensino-aprendizagem de matemática por meio da modelagem. Partindo da conceituação informal deste método até chegar à sua aplicação em problemas complexos e sofisticados, demonstra como a modelagem foi e pode ser aplicada às mais diversas situações com distintos graus de dificuldade e precisão. O matemático Rodney Bassanezi compõe uma obra dinâmica com exemplos e propostas que podem ser entendidos e aplicados em distintos momentos: programas de iniciação científica, cursos de disciplinas específicas (Biologia, Física, Engenharia, Agronomia, Estudos de população entre outras), aperfeiçoamento de professores e estudos individuais em que o leitor pode aventurar-se na construção de seus próprios modelos, com base na grande variedade de exemplos apresentados. Obra única e referência obrigatória no assunto.

Cadastre-se no site da Contexto
e fique por dentro dos nossos lançamentos e eventos.
www.editoracontexto.com.br

Formação de Professores | Educação
História | Ciências Humanas
Língua Portuguesa | Linguística
Geografia
Comunicação
Turismo
Economia
Geral

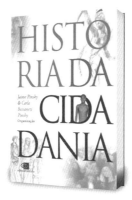

Faça parte de nossa rede.
www.editoracontexto.com.br/redes

GRÁFICA PAYM
Tel. [11] 4392-3344
paym@graficapaym.com.br